摘 要

二语学习起始年龄是否影响双语者的脑表征是一个至今仍有争议的问题。通过考查相关文献，我们发现，在这个问题的研究中，对语言暴露程度这一因素的影响过于忽略，亦尚未有研究专门考察语言暴露程度变化对脑表征的影响。本文以高熟练度粤语—普通话双言者（简称“粤—普双言者”）为研究对象，从双言者的角度来考察这个问题，并期待研究结果能为双语研究所借鉴。本文设计了四个实验考察高熟练度粤—普双言者的脑表征和脑结构。

实验一和实验二分别考察了 10 名高熟练度粤—普双言者在语言暴露程度发生改变前后使用双言时的脑表征以及脑结构的变化，结果显示：（1）暂时语言环境的改变引起被试语言脑表征的变化，普通话的较少使用使得被试使用普通话时需要较多的注意和认知控制；（2）相对短期的语言暴露程度的变化没有引起被试脑结构的变化。

实验三和实验四分别比较了三组高熟练度的具有相同的双言暴露程度的粤—普双言者（普通话起始学习年龄分别为 0 岁、3 岁、7 岁）使用双言时的脑表征及其脑结构的异同。实验结果显示：（1）早期双言者比后期双言者能够用较少的大脑皮层区域和皮层下结构更有效地进行语言控制；（2）早期双言者在额叶有较高灰质密度，后期双言者在某些皮层下结构以及扣带回前部和顶叶有较高灰质密度。

以上实验证明，至少在以图片为提示，要求被测试者对前一天某个时段所发生的事情不出声地“描述”的实验范式中，双言暴露程度和普通话起始学习年龄是高熟练度粤—普双言者脑表征的非常重要的影响因素。另外，普通话起始学习年龄对高熟练度粤—普双言者脑结构有影响。

高熟练度粤－普双言者语言脑表征及脑结构的影响因素研究

THE EFFECT OF CONTEXTUAL VARIABLES ON CEREBRAL REPRESENTATION AND BRAIN STRUCTURE IN HIGH-PROFICIENT CANTONESE-MANDARIN BIDIALECTISMS: AN MRI STUDY

涂柳◎著

《暨南外语博士文库》

主编／宫齐

副主编／程倩 廖开洪 蒲若茜 王琢

世界图书出版公司

广州·上海·西安·北京

图书在版编目（CIP）数据

高熟练度粤—普双言者语言脑表征及脑结构的影响因素研究/涂柳著. —广州：世界图书出版广东有限公司，2020.4
ISBN 978-7-5192-7195-4

Ⅰ. ①高… Ⅱ. ①涂… Ⅲ. ①神经语言学－影响因素－研究Ⅳ. ①H0-05

中国版本图书馆 CIP 数据核字（2020）第 040691 号

书　　名 高熟练度粤—普双言者语言脑表征及脑结构的影响因素研究
GAO SHULIANDU YUE – PU SHUANGYANZHE YUYAN NAOBIAOZHENG JI NAOJIEGOU DE YINGXIANG YINSU YANJIU
著　　者 涂　柳
责任编辑 程　静
装帧设计 苏　婷
责任技编 刘上锦
出版发行 世界图书出版广东有限公司
地　　址 广州市新港西路大江冲 25 号
邮　　编 510300
电　　话 020-84451969　84453623　84184026　84459579
网　　址 http://www.gdst.com.cn
邮　　箱 wpc_gdst@163.com
经　　销 各地新华书店
印　　刷 广州市怡升印刷有限公司
开　　本 880 mm×1 230 mm　1/32
印　　张 6.25
字　　数 200 千字
版　　次 2020 年 4 月第 1 版　2020 年 4 月第 1 次印刷
国际书号 ISBN 978-7-5192-7195-4
定　　价 30.00 元

咨询、投稿：020－84451258　gdstchj@126.com

Abstract

Whether the age of second languageacquisition (AOA) affects the cerebral representaltion in bilinguals is still controversial. By reviewing the related literatures, we found that one of the contextual variables affecting neural correlates, the amount of daily exposure, has been ignored. And, little is known about what changed daily exposure brings to the cerebral representation. This paper studied Cantonese-Mandarin bidialectisms.

In experiment 1 and 2, we tested the hypothesis that the exposure to the first language dialect (LD1) and the second language dialect (LD2) has an effect on the cortical representation and brain structure of high-proficient Cantonese-Mandarin bidialectisms. Functional comparisons indicated that changed daily exposure to dialects influenced the brain activation, making the subjects use more attention and cognitive control for the less exposure dialect. VBM results showed that relatively short period of changed daily exposure did not elicite structural differences.

In experiment 3 and 4, we tested the hypothesis that AOA has an effect on the cortical representation and brain structure of high-proficient Cantonese-Mandarin bidialectisms. The effect of age of acquisition was assessed by dividing the subjects into three groups, on the basis of the age they acquired their LD2 (0, 3, 7 years). Functional comparisons indicated that AOA affected the pattern of brain activation in bidialectisms: early bidialectisms used their control mechanism more efficiently by using less cortical areas and sub-cortcial structures than late bidialectisms. VBM results showed early bidialectisms have more gray matter density in precentral gyrus while late bidialectisms in some sub-cortical structures, ACC and parietal lobe.

Overall, these results indicate that, during a silent narration task, both daily exposure to the dialects and AOA affect the pattern of brain activation in high-proficient Cantonese-Mandarinbidialectisms, and AOA also affects their brain structure.

目　录

第一章　导论

第一节　研究目的与意义

一、研究目的

第二语言学习是否存在一个“关键期”，近半个世纪以来，学界对这个问题争论不休。最近二十年来，脑成像技术的革新使得人们直接观测人类大脑使用语言时的活动成为可能。正电子发射断层成像（PET），功能磁共振成像（fMRI）等新技术被广泛应用于语言的神经机制的研究。许多研究者从语言的神经机制方面对“关键期”理论进行研究。然而，目前的争论依然很激烈。研究者们主要持两种相互对立的观点：“聚合观”和“分散观”。持“聚合观”的学者认为，二语熟练度是二语脑表征的关键影响因素，随着二语熟练度的提高，二语的神经表征和一语的神经表征逐渐趋同。持“分散观”的学者认为存在一个二语学习的关键期，早期的学习建立起最优的神经网路模式，关键期之后所学语言的脑表征与母语的脑表征有所不同，二语学习起始年龄是二语神经表征的首要影响因素。

除了二语熟练度和二语学习起始年龄之外，语言暴露程度、两种语言的相似性以及实验任务亦是目前观测到的双语脑表征的影响因素。从现有的文献来看，在实验过程中，由于没有对这些影响因素，特别是语言暴露程度，给予有效的控制，造成了模糊而相互矛盾的结论。

目前尚未有文献研究语言暴露程度的变化是否造成语言脑表征的变化。若语言暴露程度对语言神经表征的关键影响得到证实，那么在对二语学习起始年龄是否影响语言脑表征的研究中控制这一因素具有十分重要的意义。然而，在二语学习起始年龄对语言神经机制影响的研究中，尚未有文献严格控制该因素。

出于保证被试的高语言熟练度以及有效控制语言习得年龄和语言暴露程度的需要，本文选取粤—普双言者作为研究对象。一方面，粤语与普通话在口语层面上差异很大，彼此不能通话，而本文的研究将只限于考察被试的口语；另一方面，许多相关文献研究的是相似的双语。因此，本文将对粤—普双言者的研究建立在大量相似双语者的研究的基础之上。

本文试图探讨如下几下问题：(1) 双言暴露程度是否是高熟练度粤—普双言者（粤语与普通话均具有母语水平）语言脑表征及脑结构的关键影响因素。如果是，它是怎么样以及为什么会造成影响？(2) 在排除语言暴露程度这一因素的干扰下，普通话起始学习年龄是否影响高熟练度粤—普双言者的语言脑表征及脑结构。如果是，它是怎么样以及为什么会造成影响？

本文的主要目的：一方面，从汉语的角度考察高熟练度粤—普双言者使用双言时的脑表征和脑结构及其影响因素；另一方面，对高熟练度粤—普双言者的研究结论为双语者的语言脑表征和脑结构的影响因素的研究提供借鉴和支持。

二、研究意义

汉语的本体研究取得了极为丰硕的成果。近些年来，语料库、声学分析、事件相关电位、磁共振成像等新技术也不断被引入汉语及其方言的研究当中。研究者们采用这些高科技的手段、跨学科的研究方法，多角度、全方位地深入探讨汉语及其方言的本质，与本体研究一起，共同揭示语言的奥秘。

在语言学的研究中，被借鉴的学科越来越广泛，包括社会学、人类学、心理学、认知科学、哲学等社会科学和人文科学学科，也包括统计学、信息科学、脑科学、神经生理学等自然科学学科。大脑是语言的物质基础，因此，将语言学与神经科学结合起来的研究，能使语言学在生物学当中找到坚实的科学基础，并使人们得以理解大脑如何习得和使用语言，从而更深刻地理解语言。

本文考察高熟练度粤—普双言者的语言脑表征和脑结构及其影响因素，具有如下意义：（1）汉语不同于拼音文字，进行汉语的脑功能成像研究是摆在中国学者面前的任务之一，本文将对探索人脑语言加工的普遍性和特殊性具有重要的意义；（2）从汉语方言的角度来看，本文以全新的方法考察方言使用的脑表征，揭示人脑处理方言的神经机制，为人脑语言神经机制的研究提供新的证据和视角。双言者的脑表征的研究亦可推动双语者的脑表征的研究；（3）从语言习得方面来看，若找到语言表征的关键影响因素，就可有针对性地提高语言习得的水平。

总之，本文从神经语言学角度来研究汉语及其方言，将研究手段从传统的哲学思辨、语料分析、行为实验等“外部研究”扩展到脑神经实验的“内部研究”，从全新的角度来揭示汉语及其方言的本质，推动汉语的应用研究。

第二节　研究背景与方法

一、研究背景

目前已有的文献主要是关于双语者的母语和第二语言的脑表征的研究，因此，对于双言者的研究是否可以建立在有关双语者研究的基础之上，是我们必须要回答的一个首要问题。

粤语是汉语的主要方言之一。由于历史和地理两方面的原因，粤语和汉语其他方言相比有较大的差异。詹伯慧在《现代汉语方言》（1981）中指出，“假定粤方言是在北方汉语基础上吸收了某些壮侗语因素，而形成的一种独特方言是切合实际的。”李敬忠（1990）甚至提出了粤语是汉语族群中的独立语言的观点。他对粤语与普通话语音和词汇的差异进行了统计：“一是用《现代汉语常用字表》（叶苍岑，1987）进行声、韵相同率统计，全书 5623 个常用字中，两者声、韵相同的只有 1046 字，占总数的 21.5%；二是用《广州话方言词典》（饶秉才等，2002）进行词义及用法相同率统计，结果全书 5078 个词条中，词义和词的用法相同的只有 1097

个，占总数的23.1%；三是用《广州话·普通话口语词对译手册》（曾子凡，1982）进行相同率的统计，结果全书8000多词条，相同的共有143条，仅占总数的1.78%。”①

粤语的特殊性源于粤语独特的形成和发展过程。根据大量史籍记载，现在的粤语区自古以来是瑶、壮先民生息繁衍的地方。由中原各地来到岭南的“华夏人”与土著“百越人”长期频繁交往，他们各自的语言相互影响，古汉语和百越语相互交融，最终形成了现代粤语和壮侗语语族各语言。

现代粤语的第一个特点主要表现在：语音方面，各地粤语的语音系统比较复杂，表现在韵母和声调调类都比较多，与普通话比较，粤语的韵母和声调都超出普通话三分之一以上，有的甚至超出一倍以上。词汇方面，粤语中有一大批本方言自创的方言词，这些方言词占到不同于普通话的粤语词的总数的90%以上，是普通话和其他方言中都没有的。粤语的词汇中保留了大量古汉语词语，其中有的是普通话已不再使用，有的是普通话虽不使用，但在书面语尤其是文言文内或成语中保存了下来。另外，粤语在近代吸收了较多的外来词，这些外来词主要来自英语（詹伯慧等，2002）。

现代粤语的第二个特点表现在它与现代壮侗语族语言在语音、词汇和语法方面都有很多相同或相似的地方。语音方面，所有汉语方言都没有长短元音，唯独粤语元音分长短，而壮侗语也是有长短元音对立的。因此，粤语的整个韵母系统比现代汉语普通话多出1

① 李敬忠：《粤语是汉语族群中的独立语言》，《学术论坛》1990年第1期。

倍多（粤语 87 个，普通话 39 个）。粤语一般是 9 个声调，调类之多在汉语其他方言中很少见。而壮侗语族语言一般也有 8 个声调，粤语声调的分化可能受到壮侗语的影响。另外在声、韵、调的配合上，粤语与壮侗语也有一些相同之处，比如：粤语的阳声韵多与入声韵相配，壮侗语也是这样的配合规律（戴庆厦，1991）。词汇方面，现在粤语口语里仍保留有 15%—20% 的百越语词汇（李敬忠，1994）。现代粤语中许多词与壮侗语族语言有对应关系。语法方面，粤语当中的构词法和句法有许多倒装，这类倒装在壮侗语族语言中十分普遍，比如：人客（客人），菜干（干菜）等。另外，与普通话相比，粤语当中的一些特殊的句法规则可能也是受壮侗语影响而形成的（李锦芳，1990），比如：状语后置，双宾语句间接宾语前置，疑问句宾语前置，比较句谓语提前，量词单独修饰名词等。

总之，普通话和粤语口语差异巨大，彼此不能通话。比如普通话中的：

昨天，我看见邻居家大婶牵着那个瘦小的女孩子，背着女孩子的弟弟去菜市场买菜。

（tsuo^{35} t‘iɛn^{55} wo^{214} k‘an^{51} tɕiɛn^{51} lin^{35} tɕy^{55} tɕiA^{55} tA^{51} ʂən^{214} tɕ‘iɛn^{55} tʂɣ^{214} nA^{51} kɣ^{51} ʂou^{51} ɕiɑu^{214} dɣ^{55} ny^{214} xai^{35} tsɿ^{214}， pei^{55} tʂɣ^{214} ny^{214} xai^{35} tsɿ^{214} dɣ^{55} ti^{51} ti^{51} tɕ‘y^{51} ts‘ai^{51} ʂʅ^{51} tʂ‘ɑŋ^{214} mai^{214} ts‘ai^{51}。）

在粤语中要说成：

琴日，我见到隔离屋既阿姨拖住个妹，咩住区细佬去街市买送。

(khɐm^{21} jɐt^{2}，ŋɔ^{13} kin^{33} tɐu$^{33-35}$ kak^{3} lei^{21} ok^{5} kɛ^{33} a^{33} ji$^{21-55}$ thɔ^{55} ʧy^{22} kɔ^{33} ŋɐn^{55} mui$^{22-55}$，mɛ^{55} ʧy^{22} khœy^{13} ʃɐi^{33} lou^{35} hœy^{33} kai^{55} ʃi^{13} mai^{13} ʃoŋ^{33}。)

再如普通话中的：

刚认识他的时候就是这个样子的，没有什么变化。

(kaŋ^{55} ʐən^{51} ʂʅ^{35} t'A^{55} dɣ^{55} ʂʅ^{35} xou^{51} tɕiou^{51} ʂʅ^{51} tʂɣ^{51} kɣ^{51} jaŋ^{51} tsɿ^{214} dɣ^{55}，mei^{35} jou^{214} ʂən^{35} mɣ^{55} piɛn^{51} xuA^{51}。)

在粤语中要说成：

之前见到区就系甘个样了，无乜变。

(ʧi^{55} ʧhin^{21} kin^{33} tou$^{33-35}$ khœy^{13} ʧɐu^{22} hɐi^{22} kɐm^{35} kɔ^{33} jœŋ$^{22-35}$ liu^{13}，mɐu^{13} mɐt^{5} pin^{33}。)

从以上分析可以看出，粤语主要来源于古汉语和百越语，和普通话相比，两者的口语不论在语音、词汇上，还是语法上都有相当大的差异。而已有的有关双语脑表征的研究集中于欧洲的语言，如英语、德语、荷兰语（这三种语言同属印欧语系日耳曼语族）及意大利语、法语、西班牙语（这三种语言同属印欧语系罗曼语族），这些语言在一定程度上相似。比如 Perani 等（1998，2003）就曾研究了西班牙语和加泰罗尼亚语双语者的脑表征。这两种语言同属罗曼语族，词汇相似度高达 40%，在语音和句法上都有着相同的特征。本文只限于考察双言使用者的日常口语，因此，我们对口语差异相当大的粤—普双言者的研究建立在相当多的近似双语的脑表征的研究基础上是可行的。

另外，大量神经成像或神经生理学的研究表明，人脑使用同一个语言神经系统处理不同的语言（Hasegawa et al.，2002；Mahendra et al.，2003；Frenck-Mestre et al.，2005；Kovelman et al.，2008）。也就是说，不管是处理第一语言还是第二语言，或者不管是处理粤语还是普通话，大脑的处理机制是相同的。因此，脑处理第一语言和第二语言与脑处理粤语和普通话具有可比性。

总之，根据已有的双语者脑表征及其脑结构的研究范式及研究成果，对粤—普双言者的脑表征和脑结构进行研究具有合理性和可性行。

研究的可行性的另一方面在于能否找到合适的被试。早期双语者通常是平衡双语者，二语能够达到一语的水平，而晚期双语者的二语较难达到母语水平，因此，实验中很难保证被试的一语和二语熟练度一致。基于这一考虑，本文选取粤—普双言者作为研究对象。这是由于粤语大环境下的学生通常在校园内讲普通话，在校园外（尤其是家中）讲粤语，处于这样的双言环境下，他们的粤语和普通话同样高度熟练。根据语言使用情况追踪调查，可找出使用粤语和普通话情况基本一致的被试（如 1/2 时间使用粤语，1/2 时间使用普通话）。被试在暑假回家之后，通常绝大多数时间使用粤语，这样就可控制被试的双言的暴露程度的变化。另外，很多来自粤语区的大学生在上幼儿园或小学之前不曾接触过普通话，通过问卷调查海选就可找到不同普通话起始学习年龄（0 岁、3 岁、7 岁）的被试，从而控制被试的普通话起始学习年龄。

二、研究方法

本文选取高熟练度粤—普双言者，以其暴露在双言中的程度或不同的普通话起始学习年龄作为变量，采用功能磁共振成像（fMRI）观察其使用粤语和普通话不出声地“叙述”时的脑活动，并采用磁共振（MRI）结构成像获取脑结构图后，使用基于体素的形态测量学（VBM）方法来分析脑结构差异，以揭示高熟练度粤—普双言者的脑表征和脑结构的异同及其关键影响因素。

本研究共设计了四个实验。实验一和实验二分别考察 10 名高熟练度粤—普双言者在语言暴露程度发生改变前后使用双言时的脑表征以及脑结构的变化。实验三和实验四考察普通话起始学习年龄对高熟练度粤—普双言者语言脑表征和脑结构的影响。被试具有相同的双言暴露程度，根据普通话起始学习年龄分为三组（普通话起始学习年龄分别为 0 岁、3 岁、7 岁）。通过这些实验本文想证实（1）语言暴露程度是粤—普双言者脑表征的非常重要的影响因素；

(2) 在排除语言暴露程度这一脑表征影响因素的干扰下，普通话起始学习年龄影响被试的语言脑表征。本文还期待从脑结构的差异这方面探讨语言脑表征受到影响的深层次原因。

磁共振成像的原理：人体约70%是由水组成的，磁共振成像利用遍布人体全身的氢原子在外加的强磁场内受到射频脉冲的激发，产生磁共振现象，经过空间编码技术，用探测器检测并接受以电磁形式放出的磁共振信号，经过数据处理转换，最后将人体各组织的形态形成图像。磁共振是通过电波产生的磁场来工作的，没有射线问题，对人体健康无影响。功能磁共振成像方法（fMRI）主要是根据测量到的人体组织各个区域的耗氧量来判断某个区域是否处于活动之中。生物组织活动需要消耗氧，其消耗的氧是由血液运输的，耗氧量大的组织区域，血流量就多。用 fMRI 观测脑活动时，在 MRI 图像上，当有较多动脉血液流入时，相应的脑区在 MRI 图像上呈现较高信号。

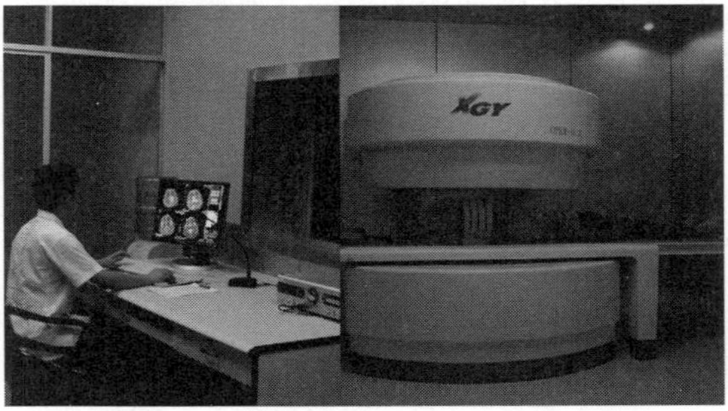

图 1－1　磁共振设备

第二章　文献综述

第一节　国内研究现状

近十年来，与汉语相关的脑功能成像研究逐渐展开。这些研究包括针对汉语的神经机制的考察；中—英文双语者语言脑表征的对比研究以及汉语作为双语/多语之一的语言神经机制研究。纵观国内学者的研究，主要集中于比较中—英文双语者的脑表征以及对汉语语义、语法的脑表征的研究，尚未有针对汉语方言的考察以及考察语言脑表征影响因素的研究。

一、综述性研究

邓园等（2003）对左侧前额叶语言加工功能研究进行了综述，提出左侧前额叶的功能主要在于调控注意、行为控制和资源调度。张惠娟等（2003）提出 fMRI 技术使人们对于双语者的语义表征有了更多的了解。祁志强等（2006）提出要从不同层面全面揭示双语者二语代码切换过程的认知神经机制。高兵等（2006）和周雪婷等（2009）回顾了句法加工的脑机制功能磁共振研究。马恒芬等（2008）对语言文字加工引起的大脑左侧梭状回中部的激活的因素进行了综述。胡笑羽等（2008）提出我们要吸收双语控制的脑与认知神经科学的相关研究成果，提倡二语思维能力的培养。范琳等（2012）综述了右脑的语言功能，认为右脑在语言处理中亦有重要作用，左右脑的协同合作才能保证脑对语言的正确加工。

二、汉语加工的神经机制的研究

国内学者利用新技术对汉语加工的神经机制进行了探索性的研究。杨亦鸣等（2002）首先使用 fMRI 研究汉语名动词分类。通过观测 6 名被试的脑活动，他们发现汉语名词和动词在重叠和相互组合时，不同语言材料激活的脑区有较大差异。梁丹丹等（2006）对汉语名词、动词、形容词充当名词修饰语的脑机制进行了考察，发现它们各有不同的加工机制。金花等（2005）采用典型的语义提取任务，应用 fMRI 探讨了语义知识的神经基础，结果发现不同类型的语义知识的脑激活模式无论在范围还是强度上都存在很大的相似性。卢洁等（2007）利用 fMRI 观测到被试执行汉字语义辨别任务时有多个脑区参与汉字语义的辨别。赵汉青等（2009）用 fMRI 比较被试进行名量词和动量词判断任务的脑活动，结果显示名量词和动量词激活的脑区基本一致，但在激活程度上有差异。刘文宇等（2009）对汉语数词和阿拉伯数字脑加工的差异进行了 fMRI 研究，结果表明，汉语数词的编码引起的脑活动与阿拉伯数字为编码引起的脑活动相比较，梭状回的激活较高，顶叶的激活较弱。冯燕韵等（2012）进行了与汉语语义、语法任务相关的 fMRI 研究，结果发现两种任务所激活的脑区基本重合，包括双侧额下回、双侧顶上小叶、双侧枕叶及左侧辅助运动区；左侧半球为汉语的语言优势脑半球。

三、中—英文双语者语言脑表征的对比研究

以汉语为母语的双语脑表征研究大多集中于中—英文双语研究。Pu 等（2001）研究了中国人使用汉语和英文完成语句加工任务时的大脑活动，结果发现两者有相似的脑表征。Luke 等（2002）对 7 名中—英文后期双语者（学习英语超过 10 年）进行了研究。被试进行语法和语义违背的判断。结果发现，汉语的语法和语义加工位于同样的脑区，用汉语加工时，处理语法比处理语义在左中额叶有较大激活；处理语义比处理语法在左下额叶与左中颞叶有较大激活。Ding 等（2003）研究了中—英文双语者完成拼写和词义判断任务时的语言神经表征，发现汉语和英语所激活的脑区是相似的，但使用英语比使用汉语在右半球有较多激活，因此，他们认为，第二语言的处理有更多的右半球的参与。董奇等（2004）考察的是英语熟练度很低的汉语为母语的小学阶段儿童（12 岁）。被试的任务为视觉呈现的押韵判断。结果显示，英语任务较多地激活了双侧顶叶，而在额叶英语任务比汉语任务有较低强度的激活。Xue 等（2004）研究了英语低熟练度中—英文双语者，发现完成英语任务比完成汉语任务在岛盖部、左侧顶叶和右侧前中央皮质有较多激活。赵小虎等（2005）探索了后期中—英双语者说英语句子时的脑激活，激活的脑区包括左右侧运动区、左额下回、右额下回、左侧颞上回、岛叶及左右侧小脑。

李勇等（2006）探讨了中—英文双语者（分为英语专业组和非英语专业组）理解汉语或英语单词时的脑活动，发现多数被试在

经典语言区以及小脑、边缘系统、基底神经节等有激活；中、英任务所激活的脑区一致；英语专业组比英语非专业组在右脑有更多激活。Wang 等（2007）证实了中—英文双语者（英语水平较差）执行语言转换任务时在右额上回前部（ BA9/10/32 ），左额中、上回（BA8/9/46）和右侧扣带回、尾状核（ BA11 ）有较多激活。（BA：罗德曼分区。）Chan 等（2008）发现中英文双语者处理汉语时动词和名词激活了同样的脑区，而对英语动词的加工比对英语名词的加工激活了额外的脑区：左侧壳核和小脑。Wang 等（2009）进行了中—英文双语者持续的双语控制和短暂的双语控制引发的脑激活的对比研究。结果显示：与单种语言比较，持续的双语控制引起了双侧额下回、额中回前部（BA45/46）的额外的激活；而短暂的双语控制引发的是左顶下小叶（ BA2/40）、顶上小叶（BA7）和额中回（ BA11/46）的额外激活。Liu 等（2010）考察了 24 名中—英文双语者进行图片名称翻译时的脑活动，发现用英语生成词汇时，在左侧额下回、双侧辅助运动区、左侧中央前回、左侧舌回、左侧楔叶、双侧壳核、双侧苍白球、双侧尾状核和小脑区域有较强激活，提示二语需要更多的神经资源。

四、汉语作为双语/多语之一的语言神经机制研究

方卓等（2010）采用 fMRI 技术比较了德语（新学习的语言）和汉语（母语）学习过程中大脑皮层参与的异同。结果显示，两种学习任务都激活了主要的语言加工区，而学习德语时有更强的颞叶的激活和前额叶区的激活。

王云玲等（2012）等研究了维吾尔语—汉语—英语三语者的大脑语言神经机制。被试的开始学习汉语的年龄为3—5岁，中国高等汉语水平考试八级（HSK）水平；开始学习英语的年龄为10—12岁，大学英语（CET）4级或6级水平。三种语言共同激活了双侧额中回和额下回（BA9、BA46、47）、左侧颞中回（BA18）、双侧中央前回（BA4）、双侧梭状回（BA37）、左侧顶上下小叶（BA7/40）、双侧枕中回（BA19）。不同语言的任务在右侧颞上回、颞中回（BA18、BA38），左侧楔前叶（BA19），右侧舌回（BA18）、右侧顶上下小叶（BA7/40）、双侧的额内侧回、左侧海马旁回、基底节区（豆状核、尾状核）及小脑扁桃体有散在激活；汉语及英语刺激任务时各脑叶激活强度大于维吾尔语；三种语言任务的优势半球均为左侧大脑半球。

陈学志等（2012）考察了熟练蒙—汉双语者语义加工的脑机制。结果显示，两种语言均激活了左侧颞中回、左侧后顶叶、左侧前额叶等区域；在蒙语任务下左侧楔回及右侧梭状回的激活增加，在汉语任务下，左侧颞中回后部、左侧额中回及额下回三角部、左侧顶上小叶有额外的脑激活。

第二节 国外研究现状

有关双语脑表征影响因素的研究主要集中于国外文献。二语学习起始年龄究竟是不是双语脑表征的影响因素仍有争议。研究者们主要持两种相互对立的观点：“聚合观”和“分散观”。

一、“聚合”与“分散”之争

持“聚合观”的学者认为，人脑使用同一个神经系统处理不同的语言（Chee et al.，1999a；1999b；Illes et al.，1999；French－Mestre et al.，2005；Wong et al.，2011），二语熟练度是二语脑表征的关键影响因素（Perani et al.，1996；1998；Briellmann et al.，2004；Golestani et al.，2006；Gandour et al.，2007；Kotz，2009），当被试的二语熟练度水平较低时，同一语的脑激活相比，二语在同一脑区的激活程度会增加；或有额外的激活发生在经典语言区之外的负责认知控制的脑区：如左额叶和扣带回前部，这可能是由于使用二语时需要更多的注意力和认知控制机制而造成的。随着二语熟练度的提高，二语的神经表征和一语的神经表征逐渐趋同（Dodel et al.，2005；Abutalebi et al.，2009）。

持“分散观”的学者以“关键期”理论为依据，认为存在一个二语学习的关键期（Lenneberg，1967；Johnson & Newport，1989）。在脑发育的关键成熟期之后，二语的学习不再可能获得与母语一样的水平。早期的学习建立起最优的神经网路模式，因此，一语学习中某些方面的经验（如：音位）将降低后期所学语言这方面的能力（Kuhl，2004）。关键期之后所学语言的脑表征与母语的脑表征有所不同，二语学习起始年龄（AoA）是二语神经表征的首要影响因素(Dehaene et al.,1997; Kim et al.,1997; Mahendra et al.,2003; Wartenburger et al.,2003; Rüschemeyer et al.,2005、2006; Hernandez et al.,2007; Marian et al.,2007; Bloch et al.,2009; Saur et al., 2009; Isel et al., 2010; Mayberry et al., 2011; Wardron et al., 2013)。有些学者试图对此做出解释，如 Paradis（1994，2004）提出，一语是隐性地习得的，“关键期”之后的二语是显性地“被教”而获得的。Ullman（2001，2004）提出了陈述式/程序式模式，他认为陈述性（显性教授）和程序性（隐性习得）知识是由不同的神经系统来处理的，Broca 区和基底神经节处理陈述性知识，而左颞区负责程序性知识的处理。因此，一语与二语有不同的神经表征。

二、支持“聚合观”的研究

学者们研究了早期或后期的双语者使用双语时的活动，用各种范式的实验证明了一语和二语的脑表征是相同或基本相似的，是“聚合”的。

Chee 等（1999b）考察了流利英汉早期双语者理解书写句子时的大脑的活动。英语和汉语在正字法、语音系统和语法系统等方面完全不同。与基线任务相比，被激活的脑区有左下额叶（BA44，45，47）、左中额叶（BA9，8，6 的部分，左侧较多激活），左颞叶（BA22，21，38）、左角回（BA39）、辅助运动区（BA8，主要在左侧激活）双边的上顶叶区（BA7）和枕叶区。英语和汉语激活的脑区一致。

Illes 等（2003）研究后期英语—西班牙语双语者的语义处理，要求被试判断单词是具体的还是抽象的，以及单词是大写字母还是小写字母，结果发现两种语言引起的脑激活的位置和强度没有什么不同。

Gandour 等（2007）研究了后期的中—英文双语者，他们发现对一语和二语语言韵律的处理激活了重合的位于额叶、顶叶和颞叶的脑区；在句子重音听辩任务中，二语在双侧前脑岛和额上沟有较大激活。虽然被试有较迟的二语学习起始年龄，但是一语和二语激活了相似的脑区，额外的脑活动是由熟练度的不同而引发的。

也有研究致力于比较单语与双语的脑活动：最近的一篇关于普通话—英语双语者的脑磁图研究来自 Wong 等（2011），他们的实验结果是被试在词汇处理上共享神经系统，且和单语者的神经系统十分相似，不过双语者有更多的右脑参与。

还有一些研究注重探讨究竟是二语熟练度还是二语学习起始年龄影响大脑的语言表征，他们认为，相对于二语学习起始年龄，二语的熟练度才是关键影响因素。Perani 等（1996）用 PET 观测意大利语—英语后期双语被试的大脑活动。所有被试在 7 岁之前从未接触过英语，也从未在英语国家呆过超过一个月的时间。所有被试均不会日语。经过词汇翻译和句子理解测试，他们都有较好的英语听力。PET 扫描期间，被试分别听用意大利语、英语和日语讲的短故事。在 PET 扫描后，测试了 10 个有难度的有关 PET 扫描期间听到的短故事的问题，他们回答对了 8 个有关用意大利语讲的短故事的问题，6. 5 个用英语讲的故事的问题，这说明他们的英语听力水平只比意大利语听力水平略差。当被试听母语故事时有较多的脑区激活：左半球的一个大的网络，包括外侧裂周区和颞极都被激活；当他们听英语故事时，激活的脑区大大减少，只在颞上回和颞中回观测到对称的活动。Perani 等认为，由于被试的第二语言只达到中等熟练度，因此不同的激活模式可能归因于二语学习起始年龄或者熟练度。

为进一步探讨这个问题，Perani 等（1998）比较了一组意大利语—英语的后期高熟练度双语者（10 岁之后开始学习英语）和一组西班牙语—加泰罗尼亚语早期高熟练度双语者（4 岁之前开始学习加泰罗尼亚语）。第一组被试为 9 名 19—50 岁的意大利人，他们的父母亲均为意大利人，他们本人绝大多数时间生活在意大利。10 岁之后在学校开始学习英语，他们都有在英语国家生活一年以上（1—6 年）的经历，他们在日常生活中用到这两种语言说和/或读。第二组被试由 12 名出生于西班牙的被试组成。他们很早就习得了西班牙语和加泰罗尼亚语，并且一生当中大多数时间都在使用这两种语言。西班牙语和加泰罗尼亚语同属罗曼语（Romance languages），罗曼语语言非常相似，大约有 40% 的词汇重合，在语音和句法上都有着相同的特征。这 12 名被试中的 6 名在 2 岁之前只暴露在西班牙语中，而另外 6 名则只生活在加泰罗尼亚语环境下。Perani 等发现当被试听用母语和二语讲故事时，上一个实验（1996）中的被试（中等熟练度后期双语者）有着不同的脑区的活动，而在这个实验中（1998），被试（高熟练度者）并没有类似的不同的脑区活动。不管他们是早期双语者还是后期双语者，他们听一语和二语的故事时，都有着相似的大脑表征。因此，Perani 等指出，至少对于非常近似的一语和二语，和二语学习起始年龄相比，二语熟练度是影响二语脑表征的更强大因素。

Chee 等（1999a）研究了 24 名右利手的流利英汉/汉英双语者，其中 15 名早期双语者为新加坡华人，他们的母语为英语或汉语，在 6 岁之前开始学习第二语言：汉语或英语。另外 9 名来自中国大陆，母语为汉语，12 岁之后开始学习英语。被试任务为有线索的单词生成，基线任务为注视。他们观测到了一语和二语激活的脑区一致：左额中回、左额下回（BA44/45，46/9），辅助运动区、双边枕叶和双边顶叶（BA7）。其中一些被试有颞叶的激活。激活的量上有一些区别；被试使用一语和二语时在前额叶激活的峰值点的距离没有差别。他们得出的结论是在使用单个单词的层面上，早期和后期普通话—英语双语者有相似的重合的脑区的激活。

Briellmann 等（2004）用 fMRI 观测了 6 名四语者分别用 4 种语言执行名词和动词生成任务时的脑活动，所有 4 种语言都激活了主要语言区，激活的程度与语言熟练度相关：与高熟练度语言相比，低熟练度语言在以下区域有较大激活：布罗卡（Broca）区、韦尼克（Wernicke）区、左角回、左中额叶、扣带回前部。语言区激活的量与熟练度负相关；任务与基线相比，低熟练度语言有较多后扣带回的激活；早期与后期语言脑表征没有区别。

Frenck-Metre 等（2005）研究了早期和后期法语—英语流利双语者朗读单词和句子时的脑活动，fMRI 数据显示，句子条件减词汇条件无差异；早期和后期组任务减基线激活脑区为双边的运动区、颞上回和颞中回、小脑以及左侧的辅助运动区。兴趣区分析发现：词汇减基线时一半的后期组在左侧豆状核有较大激活。

Golestani 等（2006）让低熟练度后期双语者完成读词和造句的任务，“读”单词激活了双边枕叶（BA18）和梭状回（fusiform BA19/37）；一语和二语的句子生成任务均激活了 Broca 区（BA44/45），前额叶背外侧（BA46，47，6，9），右上顶叶。一语在左豆状核（壳核）和左前额叶有较多激活；二语在左下、上顶叶、右枕叶和小脑有较多激活。特别重要的是，他们发现低熟练度的被试需要更多的认知的努力，且较低熟练度被试在左下额叶两种语言被激活的区域的峰值点较大。

Kotz（2009）在分析比较了多个采用 fMRI 或 ERP 研究二语句法处理的脑表征的研究结果后指出，大脑处理句法时，二语学习起始年龄对大脑活动的影响并不如先前认为的那么大，二语熟练度才是决定大脑活动峰值和广度的驱动因素。

三、支持“分散观”的研究

相对于支持“聚合观”的研究，亦有相当数量的研究倾向于支持“分散观”。较早的研究来自 Dehaene（1997）和 Kim（1997）。Dehaene 等（1997）研究发现，中等水平的二语熟练度被试听一语故事时表现出相似的脑区激活，听二语故事时各被试则表现出各自不同的神经网络激活，其中 2 名被试的被激活脑区只位于右脑。他们认为，一语的使用依赖于专门的特异化了的大脑左半球神经网络，而较迟习得的二语没有可复制的必须的神经网络。

Kim 等（1997）调查了人的大脑的双语表征是否受语言习得年龄的影响。他们使用 fMRI 来观测被试使用第一语言和第二语言的大脑皮层的空间关系。被试为 6 名早期双语者和 6 名晚期双语者。6 名早期双语者从婴儿时期就暴露在双语中，或者是他们的父母亲讲一种语言，兄弟姐妹以及朋友讲另一种语言，或者是父亲和母亲各讲一种语言；6 名晚期双语者在 11.2（±1.5）岁开始学习第二语言，在 19.2（±4.1）岁达到该门语言的流利掌握程度。实验前他们都居住在第二语言为母语的国家，因此有高的熟练度。所有的被试都报告他们在接受试验时，他们所操的两种语言有着几乎相同的熟练度和同样的使用频率。被试的任务为内省式（不出声）地用第一语言和第二语言描述前一天的早上、中午和晚上发生的事情。fMRI 结果显示，在额叶语言敏感区——Broca 区，后期双语者使用一语和二语时大脑被激活的区域是分离的，而早期双语者在同样情况下的大脑被激活区域是重合的。在颞叶的语言敏感区——Wernicle 区，早期和后期双语者使用第一和第二语言时的大脑被激活的部分都是重合的。Kim 等指出，语言习得年龄可能是影响人类大脑语言功能的一个重要因素。

Bloch 等（2009）采用了与 Kim 等（1997）相同的试验范式，不同的是他们研究的是 44 名三语者。结果显示，各组使用一语、二语和三语的脑激活的程度和广度基本重合。通过计算各被试在 Broca 区和 Wernicke 区被激活的体素（Voxel）数量的变化，发现较早暴露在二语环境当中的被试，其三种语言（前两种较早习得，后一种较晚习得）脑激活的变化均较小；相反，较迟习得二语者的被试的三种语言的脑激活变化较大。因此，脑的语言表征和语言习得年龄相关，即较早暴露在一种以上的语言当中能使语言的加工网络均匀一致地处理较早习得和较迟习得的语言，而较迟接受一种以上语言的多语者的脑激活不均匀，显示出脑更依赖于多语的加工方式。

Mahendra 等（2003）报告了早期双语者和后期双语者造词和造句时的脑活动：两种任务都激活了相似的脑区，包括左颞上回、左额下回、左中央前回、左额中回、缘上回、顶上小叶、小脑。早期双语者较后期双语者在两种语言、两种任务以及两个兴趣区（Broca 区，Wernicke 区）都有较多激活数目。

Rüschemeyer 等（2005）的实验研究了德语单语者与俄语—德语双语者使用德语对口语句子的句法和语义的处理，发现双语者的二语比单语者的母语在双边尾状核、额下回（在正确句子和语义违背句子情况下有较大激活，在语义违背句子情况下无）有较大激活；单语者的母语比双语者的二语在颞上回有较大激活。

Rüschemeyer 等（2006）报告了德语单语者与俄语—德语双语者使用德语（对单语者来说是一语，对双语者来说是二语）进行句法、语义违背的判断，他们发现二语比一语在与语言处理相关的脑区，左下额叶（BA45/47）以及左上、中颞叶有较高的激活水平；二语比一语也在与运动相关的脑区，左前辅助运动区、双边的基底节、双边的前中央回、双边的后中央回、左缘上回、左角回有更多的激活。

Marian 等（2007）研究后期双语者使用一语和二语的脑激活，发现两种语言激活了相似的脑区：额下回、额中回、颞上回、颞中回、角回、缘上回。在额上回，二语比一语在词汇和语音处理上有较大激活的量；对于两种语言，在词汇处理时，左下额叶比右下额叶有较大的激活；在左额下回，跨语言词汇处理激活的峰值点大于同一种语言词汇处理的峰值点；语音处理时在额下回的一语和二语的激活的峰值点分离，在颞上回没有发现峰值点的分离。

而 Mayberry 等（2011）另辟研究思路，他们以 22 名成年聋人为研究对象，研究了较迟的语言习得时间是否影响人脑处理语言（手语）的激活模式。实验包括语法判断和语音判断，行为实验结果：二语学习起始年龄和 ASL 语法判断负相关；语音—手判断任务结果与二语学习起始年龄不相关。fMRI 结果：语法判断任务上，8 个脑区与二语学习起始年龄线性相关，其中 6 个负相关（左前额叶背外侧 BA9、左脑岛/额叶岛盖前部、左下额回 BA44、左运动区腹部 BA6、左上颞叶 BA22、右上颞叶 BA22），2 个正相关（左舌回 BA18、左中枕叶 BA18/19）；语音—手判断任务上，8 个脑区与二语学习起始年龄线性相关，其中 6 个负相关（左脑岛/额叶岛盖前部、左下额回 BA44、左运动区腹部 BA6、右额叶背外侧 BA9/46、左上颞叶 BA22、右上颞叶 BA22），2 个正相关（左舌回 BA18、左中枕叶 BA18/19）。总之，二语学习起始年龄与前语言区脑激活负相关，与后视区的脑激活正相关。

最近的一项研究来自 Wardron 等（2013），他们证实了脑对早期双语者与后期双语者采用不同的语言机制来处理二语：早期组较后期组在左脑运动控制和语言区（包括左脑岛、左前、后中央回、左颞叶、左缘上回、左颞中回、左豆状核和丘脑、左辅助运动区有较大激活；后期组较早期组在左中额叶（额叶背外侧）、左角回、左顶上叶、右上额回（额叶背外侧）、海马回有较大激活。总之，早期双语者在二语的词汇提取当中，较多使用运动控制的脑区，后期双语者较多使用管理控制的脑区。

也有一些研究分别考察大脑处理语法和词汇的脑活动，研究者们既证明了二语学习起始年龄对人脑处理语法的影响(Wartenburger et al. 2003; Hernandez et al. 2007; Saur et al. 2009)，也证明了早期习得的词汇和晚期习得的词汇的大脑表征不同(Fiebach et al. 2003; Weekes et al. 2004; Isel et al. 2010; Zubicaray et al. 2011)。

Wartenburger 等（2003）观测了三组意大利语—德语被试用二语进行语法判断时，高水平后期组比高水平早期组在双边的下额叶（BA44，BA44/6）有较多激活；高水平后期组比低水平后期组在左颞顶叶交汇处（BA22/39），右舌回（BA18）和右下顶叶（BA40）有较多的激活。用二语进行语义判断时，两个高水平组无区别；高水平后期组较低水平后期组在左中额叶（BA46）和右梭状回（BA37）有较大激活；低水平后期组比高水平后期组在左下额叶（BA44/6）和右中额叶（BA46/9）有较大激活。组内比较，二语的语法处理比较一语的语法处理时，早期高熟练度双语者使用一语和二语语法时大脑活动没有差异；而较迟双语者（高熟练度和低熟练度组）在 Broca 区和皮层下结构有更多的激活；二语与一语的语义处理相比较，较迟双语者在双边的 Broca（BA44）（高熟练度组）与下额叶（BA47）（低熟练度组）有较大激活。他们的结论是语义判断的脑活动模式主要依赖于二语熟练度，二语学习起始年龄主要影响语法处理的脑表征。

Hernandez 等（2007）研究了不同的二语学习起始年龄是否影响大脑处理规则词和不规则词的“性”标记时的神经模式。他们研究了 24 名西班牙语—英语/英语—西班牙语早期组和后期组被试，分析两组被试的脑区活动，发现不规则词引发了后期组被试在 BA44/45 区的额外活动，提示后期组被试对语法采取了不同的处理方式。Saur 等（2009）让被试听主语—谓语和谓语—主语结构的句子，观测到当主谓的语序发生改变时，相对于早期组，后期组大脑左下额叶有额外激活。

单个词汇的研究往往着眼于具体的词汇习得年龄效应和词频效应的对比研究。Weekes 等（2004）观察了 12 名普通话者完成视觉词汇决定任务时的脑活动，发现较早习得的普通话词汇引发左上颞叶和中前额脑回的较强的激活，而较迟习得的普通话词汇主要激活边上缘脑回和扣带回前部，而且这些激活并不受词频影响。Zubicaray 等（2011）第一个报告了图文干扰命名实验中词频效应和词汇习得年龄效应引发的大脑活动。词频效应与大脑的运动左前区以及后上颞叶的激活相关；而词汇习得年龄效应与左中和后中颞叶皮层的激活相关，两种效应有不同的脑机制。Isel 等（2010）考察了跨语言词汇启动效应，发现早期组的重复启动效应位于脑的左上颞叶，边上额回和左后脑岛；而后期组的重复启动效应来自左脑岛中部和右侧额中回。

四、"聚合"与"分散"之争的分析

双语的脑表征到底是"聚合"的还是"分散"的，或者说，二语学习起始年龄究竟是不是语言脑表征的影响因素，不同的实验研究得出了相互矛盾的结论，这可能是由于人们认识的局限性、人脑的极其复杂性、人们习得和使用语言的差异性、实验设计的缺陷以及变量控制的不严谨等原因造成的。

除了语言熟练度、二语学习起始年龄之外，语言暴露程度（即人们使用语言听、说、读、写的情况）、一语与二语的相似度以及实验任务亦可能影响语言的脑表征。因此，本文将上述影响因素列入表中，分别考察了支持"聚合观"与"分散观"的主要相关文献（见表 2 –1、表 2 –2），发现了如下问题：

第一，"聚合观"认为，两种语言的熟练度越接近，两者的神经表征越趋同。因此，要考察其他因素譬如二语学习起始年龄的影响，就必须控制好二语熟练度这一至关重要的影响因素，保证被试的二语熟练度接近或达到其一语的水平，从而消除实验中被试的二语熟练度的影响。综观上述研究，对被试的语言熟练度的控制不够严谨，存在以下问题：（1）被试的二语熟练度较低，没有达到或接近一语水平（Dehaene et al. 1997; Chee et al. 1999a; 1999b; Golestani et al. 2006; Saur et al. 2009; Isel et al. 2010); (2) 未对被试的语言水平进行客观测试, 而采用的是被试的自我水平报告(Kim et al. 1997; Illes et al. 1999; Rüschemeyer et al. 2006; Mayberry et al. 2011); (3) 并非所有被试参加了所有测试(Wartenburger et al. 2003); (4) 只测试了双语中的一种语言的语言熟练度(Hernandez et al. 2007); (5) 被试的语言熟练度相差比较大(Marian et al. 2007; Bloch et al. 2009); (6) 对高熟练度和低熟练度的划分过于随意(Briellmann et al. 2004); (7) 语言熟练度的测试方法没有统一范式，五花八门，有单词翻译、阅读理解、多项选择、在规定时间内造词、根据卡通讲故事等。总而言之，不同文献的被试熟练度似乎没有可比性。

事实上，至少 20 个实验研究证实，语言习得年龄与最终获得的二语熟练度呈现负相关，较晚开始学习二语的双语者，二语水平较难达到其母语的水平 (Birdsong 2005; DeKeyser & Larson-Hall 2005)。因此，如果未对作为双语脑表征的关键影响因素之一的二语熟练度加以严格控制，那么，实验结果究竟应归因于二语熟练度亦或是二语学习起始年龄的影响很值得商榷。更重要的是，有些研究者采用事件相关 fMRI 进行研究时，将行为实验结果作为被试语言熟练度的评价标准，但是，若干事件相关的 fMRI 研究发现，即使被试有着相同的行为实验数据 (这些数据通常用来作为语言熟练度的指标)，但他们的脑表征并不相同 (Mahendra et al. 2003; Perani et al. 2003; Kovelman et al. 2008; Saur et al. 2009)。行为实验的数据是目前我们认为最精准的熟练度的测试方法，但它与脑激活并不能完全对应，因此，相对粗糙的各式各样的其他的熟练度测试方法所测试出的语言熟练度是一个重要的但并非充分的语言的神经表征的影响因素。本文认为，语言的脑表征实质上反映脑的“努力”的程度，不同的人以不同的脑的“努力”程度可以达到相同的语言表现。因此，可以理解为什么熟练度和脑表征不能完全一一对应。本文将致力于寻找出和脑表征完全对应的影响因素。

第二，Perani 等（2003）和 Abutalebi 等（2007）都发现语言暴露程度是相当重要的语言脑表征的影响因素。然而，仅有 3 篇 (Marian et al., 2007; Hernandez et al., 2007; Isel et al., 2010) 用数据报告了实验前被试具体的语言使用情况。另有 12 篇只是提到了被试所处语言环境或语言的使用情况，但未具体提供数据(Kim et al., 1997; Chee et al., 1999a; 1999b; Mahendra et al., 2003; Frenck-Mestre et al., 2005; Rüschemeyer et al., 2005; 2006; Wartenburger et al., 2003; Briellmann et al., 2004; Golestani et al., 2006; Gander et al., 2007; Bloch et al., 2009), 因此，无从得知被试的准确的双语使用情况。

第三，一语与二语的相似度也有影响。比如，Jeong 等（2007）研究韩—日—英三语者，发现被试理解英语句子比理解日语句子出现较多的脑活动；而完成韩语任务和日语任务时，被试的脑活动没有差异。这些脑活动的不同可能反映了韩语与日语以及韩语与英语在句法以及节律上的差异。然而，除了 Chee 等（1999b）比较了汉语、英语的相似度和 Mayberry 等（2011）比较了手语和英语的相似度之外，其他研究都未提到所研究语言的相似度。

第四，实验材料不同也有可能造成实验结果的差异。比如，Saur 等（2009）研究德—法/法—德双语者，发现在谓—主句的判断中，法语为母语者比德语为母语者有较强的脑激活，二语学习起始年龄可能特别影响那些在母语中显著的语法结构。Yokoyama 等（2006）发现，向后期双语者所呈现的句子结构复杂度不同时，他们的脑活动亦有所不同，因此，他们指出，除了二语学习起始年龄、二语熟练度之外，语法结构的不同亦影响一语和二语理解的脑表征。Suh（2007）研究韩—英双语者，发现一语的蕴含句比并列句引发较多的脑活动，二语则没有此差别。然而，除了 Dehaene 等（1997）、Kim 等（1997）和 Bloch 等（2009）采用的是自然的听和说的实验任务，其他实验或者专注于某些语法规则，或者只关注特别的句法结构或有限的词汇。总而言之，这些研究很有意义，但若能注重考察语言的自然的和完整的处理过程，似乎更加能够全面反映人脑处理语言的真实面貌。

第三节　小结

国内学者对汉语的脑表征研究正在蓬勃开展，在针对汉语单语者与汉—英双语者语言脑表征的研究上取得了一定成果，揭示了汉语语言脑表征的特征，但尚未涉足语言脑表征影响因素的研究。

国外学者对二语学习起始年龄是否影响语言脑表征这一问题进行了大量研究，但至今尚无定论。语言熟练度、语言习得年龄、语言暴露程度、两种语言的相似性以及实验任务是目前观测到的双语脑表征的影响因素，它们决定了双语的神经表征是“聚合”的，即重合和相似，还是“分散”的，即分离与不同。然而，在已有的多数文献当中，对这些影响因素并未能很好地控制，因此，很难将研究结论归因于其中一个影响因素。

因此，本文将更加注重对被试语言熟练度的控制，并将双言者暴露在语言环境中的程度作为重要影响因素加以考察；同时重视实验材料等因素的影响，争取为“聚合”与“分散”之争的解决提供新的证据。

表2-1　支持“聚合观”的部分相关文献的实验设计和变量控制考察

序号	作者	研究目的	被试描述	被试二语熟练度	语言熟练度测试方法	二语学习起始年龄	暴露在语言中的程度	语言相似度	实验方法	实验结果
1	Chee et al. (1999a)	普通话—英语双语者单词处理的脑表征	24名右利手普通话—英语/英语—普通话双语被试，早期组（15人）有11人将普通话列为一语，13人现在较常用英语。后期组（9人）来自中国大陆，写的能力优于听说能力	高	新加坡被试以初中和高中水平测试两种语言至少都在“B”程度；大陆被试语言水平未报告	早期组：6岁前 后期组：12岁之后	日常生活中既使用英语也使用普通话，具体使用情况未报告	未报告	刺激任务为有线索的单词生成，控制任务为注视	在使用单个单词的层面上，早期和后期普通话—英语双语者有相似的、重合的脑区激活

（续表 1）

序号	作者	研究目的	被试描述	被试二语熟练度	语言熟练度测试方法	二语学习起始年龄	暴露在语言中的程度	语言相似度	实验方法	实验结果
2	Chee et al.（1999b）	早期普通话—英语双语者句子处理的脑表征	9名右利手新加坡华裔大学生（20—26岁）	高	1. 中学水平测试“B”以上； 2. 书面语理解成绩70分以上	6岁以前	日常生活中既使用英语也使用普通话，具体使用情况未报告	不相似	区组设计；被试理解60个英语句子以及相应意思的60个汉语句子，判断所提问题的正误	英语和汉语激活的脑区一致
3	Illes et al.（1999）	英语—西班牙语/西班牙语—英语双语者是否以相同的神经系统处理一语和二语	8名被试（3名英语—西班牙语双语者；5名西班牙语—英语双语者）来自于斯坦福大学西班牙语系、葡萄牙语系；2男6女	高	被试自我报告	12.25岁	未报告，从文中提供的被试背景可推测出他们处于双语环境下	未报告	1. 语义判断：单词是具体的还是抽象的； 2. 非语义判断：单词是大写字母还是小写字母	英语和西班牙语的脑激活没有区别

（续表 2）

序号	作者	研究目的	被试描述	被试二语熟练度	语言熟练度测试方法	二语学习起始年龄	暴露在语言中的程度	语言相似度	实验方法	实验结果
4	Briellmann et al.（2004）	四语者的语言脑表征	6 名四语者（英、德、意大利、法、西班牙语之中的 4 种），5 男 1 女，年龄为 37（±4）岁	高 低	1. 被试自我报告； 2. 以特别的字母开头造尽可能多的词； 3. 根据卡通图片讲故事 造词大于 20 个词以及讲故事大于每秒 2 个词为高熟练度者： 4 个被试（2 种语言高熟练度，2 种低）；另 2 个被试（3 种高，2 种低）	2 岁之前习得为早期习得，2 岁之后为后期习得。5 名被试有 1 种语言早期习得，1 名被试有 2 种语言早期习得	所有被试生于瑞士，曾在澳大利亚生活过数年。被试日常生活中主要用一语和二语	未报告	向被试呈现名词，要求被试给名词配上一个合适的动词。比如给“fish”配上“swim”	早期与后期语言脑表征没有区别

（续表3）

序号	作者	研究目的	被试描述	被试二语熟练度	语言熟练度测试方法	二语学习起始年龄	暴露在语言中的程度	语言相似度	实验方法	实验结果
5	Frenck-Mestre（2005）	早期和后期双语者脑表征比较	12名右利手英语—法语双语者，7男5女；早期组：6名（平均年龄24岁，SD=1.4）后期组：6名（平均年龄41岁，SD=2.8）	高	由母语为英语或法语的一组人评价	早期组：0岁 后期组：12岁	早期被试都生活在既说法语又说英语的国度，接受的是双语教育； 后期被试成年后移居法国，至实验前一直居住于法国，居于法国时间超过15年	未报告	向被试呈现英语和法语的词汇和句子，要求被试读出来。基线任务为向被试呈现不可拼的辅音字母串。词汇包括225个法语词和225个英语词，这些词包括了2种语言当中的所有语音。法语和英语句子各75句	除了后期组在左壳核有较大激活外，早期组和后期组的脑活动完全相同

（续表4）

序号	作者	研究目的	被试描述	被试二语熟练度	语言熟练度测试方法	二语学习起始年龄	暴露在语言中的程度	语言相似度	实验方法	实验结果
6	Golestani et al. 2006	中等熟练度后期双语者用一语和二语产出句子时的脑活动	12名法—英双语者，7男5女，右利手，年龄20—28岁	中	用TOEFL测试中的“结构子测试”测试语法的熟练度，各被试的熟练度有所不同	开始学习二语年龄：10—12岁，在校学习5—7年二语	没有被试曾经生活在说二语的环境中	未报告	基线任务为给被试呈现3或5个单词，将这些单词按符合句法要求的顺序重排并读出来；实验任务为给被试呈现3或5个单词（单词的顺序已符合句法要求），要求被试添加名词、动词、形容词和副词以外词性的词造句	较低熟练度被试需要更多的“认知”的努力

（续表5）

序号	作者	研究目的	被试描述	被试二语熟练度	语言熟练度测试方法	二语学习起始年龄	暴露在语言中的程度	语言相似度	实验方法	实验结果
7	Gander et al. 2007	二语中熟练者听辩重音及语调时的脑活动	10名汉语—英语双语者，5男5女，右利手	中	被试自我报告：说：M = 2.5，SD = 0.5；理解：M = 2.9，SD = 0.3；（5分为满分）；TOFEL 600分以上	11.6（SD = 1.7）	实验时居住于中国，曾在美国居住过（平均2.1年，SD = 0.8），在美国时英语暴露程度：M = 1.8，SD = 0.8）（1 = 只用中文，7 = 只用英文）	未报告	听辩句子的重音是在句首还是在句尾，以及句子是陈述句还是疑问句	一语和二语激活相似的脑区

注：（1）M：中位数；SD：标准偏差。
（2）L_1：母语；L_2：第二语言。

表 2-2　支持“分散观”的部分相关文献的实验设计和变量控制考察

序号	作者	研究目的	被试描述	被试二语熟练度	语言熟练度测试方法	二语学习起始年龄	暴露在语言中的程度	语言相似度	实验方法	实验结果
1	Dehaene et al.(1997)	语言理解过程脑表征的变化	8 名法—英双语者（21—25 岁），右利手，男性	中	1. 单词翻译和句子理解测试； 2. 在扫描结束后，让被试立刻回答扫描时听到的故事相关问题	7 岁	未报告	未报告	听一语和二语故事	被试的二语脑表征各不相同
2	Kim et al.(1997)	早期和后期双语者的语言脑表征	12 名双语被试，早期组和后期组各 6 名；其中 9 名男性、3 名女性，右利手或双利手，平均年龄 29.3(±4.2)岁	高	1. 未测试被试语言熟练度； 2. 被试自我报告 2 种语言有大体上相同的流利度和使用频率	早期组：0 岁 后期组：暴露在二语中的年龄为 11.2(±1.5)岁，能够进行流利对话的年龄为 19.2（±4.1）岁	较迟双语者均生活在说二语的国家，有较高的流利度	未报告	被试的任务为内省式（不出声）地用一语和二语描述前一天的早上、中午和晚上发生的事情	二语学习起始年龄影响被试 Broca 区的脑表征

（续表1）

序号	作者	研究目的	被试描述	被试二语熟练度	语言熟练度测试方法	二语学习起始年龄	暴露在语言中的程度	语言相似度	实验方法	实验结果
3	Mahendra et al.（2003）	早期与后期双语者的脑表征	早期8名；后期8名	高	1. 自我报告 2. 事件相关fMRI的行为数据：唯一的区别在于早期双语组用一语和二语造词的数量（一语造的词较多）	早期组：5岁之前；后期组：7岁之后（4人7—13岁；4人13—19岁）	两个组的被试每天都使用一语和二语	未报告	生成单词；生成句子	二语的习得年龄与语言任务都影响语言的脑表征

（续表2）

序号	作者	研究目的	被试描述	被试二语熟练度	语言熟练度测试方法	二语学习起始年龄	暴露在语言中的程度	语言相似度	实验方法	实验结果
4	Wartenburger et al.（2003）	二语学习起始年龄和二语熟练度对双语者完成语法和语义判断任务的神经机制的影响	32名意大利语—德语被试，分为3组： 1. 高熟练度早期组（11人）； 2. 高熟练度后期组（12人）； 3. 低熟练度后期组（9人）	高、低	1. 阅读理解测试； 2. 90题测试，包括语法、句子理解和书面语言输出（16名被试实验后完成该测试，8名被试12个月后完成测试，另8名被试没有做这个测试）	早期组：0岁； 后期高水平组：18.9岁； 后期低水平组：20.4岁	计算了被试从出生以来两种语言的总的暴露时间；测试时被试均生活在德国	未报告	要求被试判断180个短句（90个德语短句；90个意大利语短句）中语法、语义是否正确	语义判断的脑活动模式主要依赖于二语熟练度，二语学习起始年龄主要影响语法处理的脑表征

（续表3）

序号	作者	研究目的	被试描述	被试二语熟练度	语言熟练度测试方法	二语学习起始年龄	暴露在语言中的程度	语言相似度	实验方法	实验结果
5	Rüsche-meyer et al.（2005）实验二	母语者与非母语者对口语句子的句法和语义的处理	18名德语本族语者，8男10女，年龄23—30岁，平均年龄25岁；14名俄语—德语双语者，3男11女，年龄22—30岁，平均年龄25.6岁	高	事件相关fMRI行为实验数据：二语组对句子刺激的反应较慢；二语组有较多错误	未报告	在参加实验前，俄语—德语双语者一直在德国生活（平均5年）	未报告	让被试听正确句子、语法违背句子和语义违背句子并判断正误	双语者的二语与单语者的一语有不同的脑表征

（续表4）

序号	作者	研究目的	被试描述	被试二语熟练度	语言熟练度测试方法	二语学习起始年龄	暴露在语言中的程度	语言相似度	实验方法	实验结果
6	Rüsche-meyer et al. 2006	单语和双语者处理书面句子的句法和语义时的脑活动	18名德语本族语者，9男9女，年龄22—34岁，平均年龄26.2岁，SD＝3； 16名俄语—德语双语者，3男13女，年龄18—36岁，平均年龄26岁，SD＝5.4	高	1. 被试自我报告德语水平（10为非常熟练，读：平均7.6，SD＝1.7；写：平均7.7，SD＝1.6）； 2. 根据扫描时的表现，在标准差2.5之外的2名被试被去除	未报告，参加实验时使用德语的平均时长为7年，据推测应为后期双语者	用德语读的时间约为75%； 在参加实验前，俄语—德语双语者一直在德国生活（平均8年），多数在德国上的高中，与家人讲俄语	未报告	向被试呈现： 1. 正确的句子； 2. 句法错误的句子； 3. 意义错误的句子； 4. 补充句，要求被试判断正误	双语者的二语与单语者的一语有不同的脑表征

（续表5）

序号	作者	研究目的	被试描述	被试二语熟练度	语言熟练度测试方法	二语学习起始年龄	暴露在语言中的程度	语言相似度	实验方法	实验结果
7	Hernandez et al.（2007）	不同的二语学习起始年龄是否影响大脑处理规则和不规则的词的“性”标记时的神经模式	24名西班牙—英语/英语—西班牙语被试，分为： 1. 早期组：12名被试，7女5男，（20－25岁）； 2. 后期组：12名被试，7女5男，（20－28岁）	西班牙语较英语低	未测试英语水平； 西班牙语水平测试：1. 大声读出西班牙语单词； 2. Boston命名测试测量被试的西班牙语词汇； 3. 包含20个多项选择题的问卷测试西班牙语的语法、词汇和阅读理解能力； 4. 自我测评	早期组：母语为西班牙语，但优势语言是英语；后期组：母语为英语，12岁之后开始学习西班牙语	早期组和后期组两种语言的使用情况一致	未报告	向被试呈现192个名词，一半是规则的，另一半是不规则的。要求被试判断词的“阳性”或“阴性”	二语学习起始年龄影响被试的语法处理的脑表征

(续表6)

序号	作者	研究目的	被试描述	被试二语熟练度	语言熟练度测试方法	二语学习起始年龄	暴露在语言中的程度	语言相似度	实验方法	实验结果
8	Marian et al. 2007	后期双语者使用一语和二语的脑表征的研究	6名俄语—英语双语者被试，3男3女，平均年龄21岁(SD=1.8)	高	1. TOEFL分数480—633分；2. SAT分数为400—670分	到达美国的平均年龄为14.8岁(SD=1.2)；自我报告二语流利的平均年龄为16.9岁(SD=1.4)	实验时居于美国，和家人及朋友使用俄语（自我报告，每天平均3.5小时，SD=1.7），其余时间使用英语。L2 > L1	未报告	要求被试听或看俄语、英语的单词与非单词	二语比一语在词汇和语音处理时在额上回有较大激活的量；语音处理时在额下回的一语和二语的激活的峰值点分离

（续表7）

序号	作者	研究目的	被试描述	被试二语熟练度	语言熟练度测试方法	二语学习起始年龄	暴露在语言中的程度	语言相似度	实验方法	实验结果
9	Bloch et al.（2008）	不同的暴露在二/三语中的年龄对二/三语的语言脑表征是否有影响	44名三语者，22女22男，平均年龄28岁（18—37岁）	中—高	CERR欧洲语言能力自我测试，被试所掌握的18种语言Z的熟练度从A1至C2不等（A1和A2指基本使用者，B1和B2指独立使用者，C1和C2为熟练使用者）	分为4组：1. 同时双语者（成长于双语家庭）；2. 隐性同时双语者（成长于单语家庭，但家庭用语和周围的社会语言不同）；3. 顺序双语者；4. 较迟双语者	三种语言都经常使用，但未报告具体使用情况	未报告	同Kim（1997）	二语学习起始年龄影响被试大脑是否能均匀一致地处理语言

（续表 8）

序号	作者	研究目的	被试描述	被试二语熟练度	语言熟练度测试方法	二语学习起始年龄	暴露在语言中的程度	语言相似度	实验方法	实验结果
10	Saur et al.（2009）	二语学习起始年龄是否影响大脑对词序的处理	36 名德—法/法—德双语者，右利手，大学生或研究生	高	两个多项选择测试：被试均达到 70 分以上。二语熟练度低于母语熟练度；早期双语者的德语/法语熟练度分别低于德—法组/法—德组的被试的德语/法语熟练度	分为 3 组： 1. 德—法后期组：10 岁； 2. 法—德后期组：10 岁； 3. 早期组：3 岁	被试生活在德国，主要使用德语，但未报告具体使用情况	未报告	主—谓或谓—主语序的句子的语法判断	二语学习起始年龄影响被试的语序的处理的脑表征
11	Isel et al.（2010）	二语学习起始年龄是否影响大脑对词汇的处理	20 名被试，早期组（24—39 岁）和后期组（20—42 岁）各 10 人，右利手	中	1. 高中标准语言测试； 2. 德译法翻译测试（后期组成绩优于早期组成绩）	早期组：3 岁 后期组：10—13 岁	早期组： L1：4.0 ±1h L2：6.5 ±4.5h 后期组： L1：4.5 ±1.5h L2：6 ±4h	未报告	跨语言词汇启动	二语学习起始年龄影响词汇处理的脑表征

（续表9）

序号	作者	研究目的	被试描述	被试二语熟练度	语言熟练度测试方法	二语学习起始年龄	暴露在语言中的程度	语言相似度	实验方法	实验结果
12	Mayberry et al.（2011）	较迟的语言习得时间与成人大脑处理语言时的激活模式是否有关系	22名成年聋人（11名女性），被试的平均年龄为38岁，使用手语平均年限为33年，最短19年	高（ASL手语）	1. 未进行测试； 2. 自我评价，平均得分9分（总分10分）	二语学习起始年龄为从出生至14岁，平均年龄为5.86岁。	未报告	手语（ASL）和英语口语有大体上重合的左脑激活	语法判断和语音判断	二语学习起始年龄影响被试语言脑表征
13	Wardron et al.（2013）	二语学习起始年龄对脑表征的影响	早期组：11名 后期组：11名 均为右利手		Boston命名测验； Woodock语言能力测试； 熟练度可比	早期组：≤6岁（1—6岁） 后期组：≥7岁（7—17岁）	所有被试均来自于美国休斯顿大学，被试母语是西班牙语；双语环境（推测）	未报告	向被试视觉呈现英语规则动词和不规则动词，要求被试尽可能多地想出该动词的过去式的形式	早期组在二语的词汇提取中较多使用运动控制的脑区，后期组较多使用管理控制的脑区

注：（1）SD：标准偏差。
（2）L_1：母语；L_2：第二语言。

第三章 语言暴露程度的影响

第一节 研究假设与设计

一、问题的提出

如前所述，一语和二语的脑表征究竟是“聚合”的还是“分散”的，或者说二语学习起始年龄是否影响二语的脑表征，这个语言学的基本问题仍旧悬而未决。如果考虑到语言的外在表现与语言的内在脑表征不一致，这个问题就更加复杂了。相对于二语熟练度和二语学习起始年龄，研究者们似乎过于忽略了被试暴露在二语中的程度这一因素的极其重要的影响。

Paradis 等（1998）研究发现，双语失语症患者选择性恢复一语或二语的最重要的影响因素正是暴露在语言中的程度。Perani 等（2003）和 Abutalebi 等（2007）都发现语言暴露程度对语言脑表征的影响甚至超过了二语熟练度对语言脑表征的影响。Perani（2003）考察了二语学习起始年龄和语言暴露程度对高熟练度早期双语者与词汇检索相关的脑活动的影响。西班牙语—加泰罗尼亚语/加泰罗尼亚语—西班牙语双语者从 3 岁开始暴露在二语环境（西班牙语或加泰罗尼亚语）中并开始使用双语。被试的双语熟练度一致，但两组被试暴露在二语中的程度不同：相比于西班牙人使用加泰罗尼亚语的时间，加泰罗尼亚人使用西班牙语的时间较少。fMRI 结果显示，两组被试各自使用二语完成语言检索任务时，加泰罗尼亚人有较多的脑活动。另外，较早习得的一语比二语引发较少的大脑活动。因此，考察而得的结论是，即使两种语言都是较早习得并有着可比的熟练度，二语学习起始年龄和语言暴露程度共同影响双语者的脑活动模式。Abutalebi 等（2007b）发现当一语和二语熟练度相同的被试主要生活在二语环境当中时，被试使用一语时反而需要用额外的脑控制过程，不同的语言暴露程度造成了脑表征的不同。

脑结构方面，相当多研究证实脑结构随着经验和环境的改变而改变。最早的研究来自 magure 等（2000）对伦敦的士司机的研究。magure 等发现，对于伦敦复杂街道了如指掌的的士司机，在海马回后部有较多灰质；海马回的大小与司机开的士的时长相关。Draganski 等（2004）证实 3 个月的杂耍训练引起视觉区的灰质变厚。Driemeyer 等（2008）甚至发现 1 个星期的训练引发了灰质的改变。Ilg 等（2008）则发现持续 2 个星期每天 15 分钟镜像阅读训练造成右枕叶背外侧的灰质量增加。

二、研究假设

综上所述，本文认为，除了语言熟练度和二语学习起始年龄之外，语言暴露程度可能是语言脑表征的另一个至关重要的影响因素。和二语熟练度不同，语言暴露程度有可能精确地反映语言的神经表征。然而，到目前为止，还没有研究单独地、直接地考察语言暴露程度对语言脑表征的影响。本文设计了实验一来研究这个问题。实验一分为两次扫描。第一次扫描考察在被试的粤语与普通话的暴露程度一致、熟练度一致、习得年龄一致（都为出生后即开始习得）的情况下，被试使用粤语和普通话时的脑神经表征有没有区别。本文假定，被试使用粤语和普通话的脑激活一致。第二次扫描观察语言暴露程度的变化是否对语言脑表征产生影响。本文实验一中的同一组被试在双言使用情况发生很大变化之后，语言的脑表征会不会相应发生变化，本文假定语言暴露程度变化后，被试的脑激活会发生变化。实验二用来考察语言暴露程度是否会对语言的脑结构产生影响。本文认为，语言暴露程度的改变也可视为一种语言经验的改变，它可能会给被试的脑结构带来变化。

三、研究设计

选取高度熟练的粤语—普通话同时双言者（从出生后同时习得粤语和普通话），以语言暴露程度作为变量，采用 fMRI 技术观测被试分别使用粤语和普通话不出声地“讲述”实验前一天中午、黄昏、晚上发生的事情时的脑活动，从而揭示语言暴露程度对语言神经表征的关键影响力。实验一分两次扫描：第一次扫描选取语言熟练度相同、语言使用情况相同的一组被试；第二次扫描在这组被试的语言使用情况发生变化，并且这种变化持续一个月后进行。

实验二采用 MRI 结构成像分两次获取实验一当中同一组被试的脑结构图，第一次是在粤语和普通话暴露程度相同的情况下获取，第二次是在语言环境发生变化后获取，将两次得到的结构图进行比较以确定被试的脑结构是否随着语言使用情况的改变而改变。

第二节　实验一

一、被试

我们向广州各所大学的粤—普双言者发放了500份调查问卷（见附录一），从500名志愿者中，通过问卷调查、面试、语言使用情况考察，我们最终选取了10名粤语—普通话双言被试（6女/4男；年龄：21.30 ± 2.36岁，年龄范围：19—26岁；粤语习得年龄：0岁，普通话学习起始年龄：0岁）参加了实验（10名被试的基本情况见表3－1）。被试从出生开始同时暴露在粤语和普通话环境中，或者他们的父亲讲粤语，母亲讲普通话，或者相反；或者家人中有人讲粤语，有人讲普通话；或者保姆讲粤语，家人讲普通话等。被试挑选流程见图3－1。被试在学期中（粤语和普通话暴露程度各约50%）和暑假中（粤语暴露程度为85%以上，普通话暴露程度为15%以下）分别参加了同样的实验任务。所有的被试均为右利手（爱丁堡利手测量，Oldfiled，1971），无精神疾病，每名被试在实验前均接受了各项安全保障检查（附录六），签署了知情同意书（附录七），实验后获得一定报酬。

首先，我们采取了被试自我测评和考官面试相结合的方法对被试的熟练度进行评价。听力测试包括两部分：（1）自我测评，采用CERR（欧洲语言能力自我测试）标准（Council of Europe，2001）

（附录三）；（2）在两次实验前分别让被试听粤语和普通话的两个故事，并回答有关故事各5个考察细节的问题。口语测试采用面试的方法，分别由3名面试官进行。粤语的3名面试官均为广州本地人；普通话的3名面试官均为国家级普通话测试员。面试前对面试官进行了培训，明确了考评标准（欧洲语言能力自我测试标准）（Council of Europe，2001）。

我们设计了语言使用情况记录表（附录四），要求被试在实验前连续30天记录自己的语言使用情况，每天晚上临睡前填写一张表，并发邮件给研究组工作人员。因为不能保证所有参加第一次实验的被试的暑假期间语言暴露程度的改变符合我们的要求（粤语85%以上，普通话15%以下），所以我们挑选了27名粤语和普通话各自使用约50%，以及从出生后语言使用总体情况一致的被试参加第一次扫描。第一次实验后约一个月，被试开始了暑假生活，多数被试的语言环境发生了改变，他们多数时间使用粤语。我们又对被试的语言使用情况进行了追踪调查，最终选取了10名被试（使用粤语超过85%，使用普通话不超过15%）参加第二次扫描。

统计分析显示，被试的粤语和普通话水平没有显著性差异（$P=0.692$）[①]，实验一前与实验二前听故事回答问题正确率没有差异：粤语（$P=1.000$）、普通话（$P=1.000$）。语言暴露程度比较：第一次扫描时，被试使用粤语和普通话的情况没有差异（$P=$

① P值是在一个特定统计模型之下，数据（例如，两个比较组样本均数之差）的一个统计学概括，等于其观察值或取更极端值的概率。

0.836)，第二次扫描时，被试使用粤语和普通话的情况有显著差异（$P=0.000$）。语言使用情况分年龄段调查显示，所有被试从出生至实验前语言的使用情况没有差异（$P=0.105$）。熟练度比较以及语言暴露程度比较的具体统计分析数据见附录八。

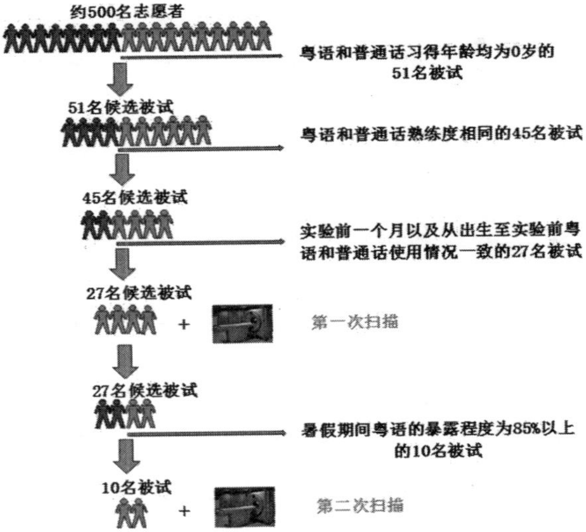

图3-1 被试挑选流程

表 3－1　被试情况表

被试	性别	年龄	听力成绩						口语成绩						30 天语言暴露程度（%）				不同年龄阶段语言暴露程度						
			粤语			普通话			粤语			普通话			实验一前		实验二前								
			自测	听故事一	听故事二	自测	听故事一	听故事二	考官一	考官二	考官三	考官一	考官二	考官三	粤语	普通话	粤语	普通话	0－1岁	2－3岁	4－6岁	7－12岁	13－15岁	16－18岁	19岁－
S1	女	21	10	5	5	9	4	5	C2	C2	C2	C2	C2	C2	64.1	35.9	95.1	4.6	4	4	4	4	5	5	5
S2	男	21	10	5	5	8	5	4	C2	C2	C2	C2	C1	C2	43.3	56.7	90.6	9.4	2	4	4	4	3	4	5
S3	男	19	10	5	4	9	5	5	C2	C1	C2	C2	C2	C1	57.0	43.0	95.2	4.8	4	4	4	3	3	4	2
S4	女	21	10	5	5	10	5	5	C2	C2	C2	C2	C2	C2	33.0	67.0	91.7	8.3	4	5	5	6	5	4	6
S5	女	19	9	5	5	8	5	5	C2	C2	C2	C2	C2	C2	62.0	38.0	88.3	11.7	3	3	4	4	4	4	4
S6	女	26	9	5	5	8	5	4	C2	C2	C2	C2	C2	C2	55.1	44.9	85.5	14.5	4	4	4	3	3	5	4
S7	男	23	10	5	5	10	5	5	C1	C1	B2	C1	C1	C1	29.1	70.9	85.6	14.4	4	4	4	5	4	4	4
S8	男	24	10	5	5	10	5	5	C2	C2	C2	C2	C2	C1	61.0	39.0	86.7	13.3	4	4	5	5	3	4	3
S9	女	20	7	4	5	7	5	5	C1	C2	C1	C1	C2	C2	33.4	66.6	90.9	9.1	3	4	4	4	5	4	3
S10	女	19	7	5	5	7	4	5	C2	C2	C2	C2	C2	C2	55.7	44.3	93.8	6.2	3	4	4	3	5	5	5

（“自测”列，数字表示被试自认为能达到的标准的个数；“听故事一”列表示实验一前听故事的正确个数；“听故事二”列表示实验二前听故事的正确个数；口语成绩的分级：A1—C2，A1 和 A2 表示基本使用者，B1 和 B2 表示独立使用者，C1 和 C2 表示熟练使用者。不同年龄阶段语言暴露程度分级：1—7，1 表示仅使用粤语，7 表示仅使用普通话，4 表示 50% 使用粤语、50% 使用普通话。

二、实验任务

实验采用区组（Block）设计。实验过程为语言描述任务条件和基线条件交替进行，每种条件持续30秒，两种实验条件共交替9次。在每一轮开始前，指导被试用粤语或普通话完成这轮任务。被试的刺激任务为以内部语言（不出声地说）“描述”前一天中午（以Eprime呈现图画“日头当顶”）、黄昏（呈现图画“日落”）、晚上（呈现图画“晚上”）时段所做的事情。每一轮的基线任务和刺激任务每次持续30秒，交错9次。即：基线（30秒）→刺激（30秒）→基线→刺激→基线→刺激→基线→刺激→基线→刺激→基线→刺激→基线→刺激→基线→刺激→基线→刺激。表示中午、黄昏、晚上的图画以随机的顺序展示给被试，呈现时间为10秒，随后是20秒的空白时间（30秒都为语言描述时间），提示被试“说”出相应的内容。基线条件是注视注视点，什么都不用想，时间持续30秒（实验任务见图3-2）。

每个被试在完成语言描述任务时所用语言的顺序（粤语、普通话，或普通话、粤语）在被试间进行随机化，以减少习惯效应和顺序效应对结果的影响。整个扫描时长为1080秒，每3秒扫描一张头像。被试在实验前进行练习。扫描结束后，要求被试对每种语言条件下的语言描述内容进行回顾，这些内容将作为语言熟练度和实验介入度的参考指标，以控制被试在实验时的表现。两次扫描的时间间隔约为3个月。

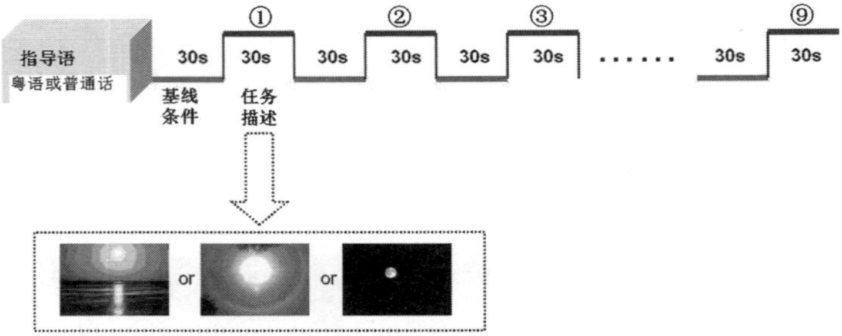

图 3－2　实验任务

三、图像采集

扫描在中山大学第一附属医院黄埔院区 1. 5T 的 PHILIP 磁共振成像仪上进行，使用 SA 9800 功能磁共振成像视听觉刺激系统。扫描中所有被试的头部都用泡沫头垫固定，以减少头动对图像采集的影响。首先是功能像的扫描，扫描采用梯度回波—回波平面成像（GE-EPI）序列，参数分别为 TR 为 3000ms，TE 为 40ms，flip angle 为 90°，视野 FOV 为 240mm × 240mm，矩阵为 64 × 64，层厚为 4mm，间隔为 0mm，共 36 层。刺激内容实施时同步进行扫描。实验分别采集粤语和普通话实验任务下的功能数据。在每种语言条件下，扫描持续 9 分钟，共 180 个全脑图像，其中 90 个是在语言描述阶段，另外 90 个是在控制条件下。同时我们也采用磁化快速梯度回波序列（MP-RAGE）进行了 3D 结构像的扫描，扫描参数为 TR 为 9. 6ms，TE 为 3. 8ms，flip angle 为 8°，视野 FOV 为 256mm × 256mm，矩阵为 288 ×288，层厚为 1mm，共 176 层。两次扫描的实验任务和扫描参数都是相同的。

四、数据分析

数据分析是在 SPM8(http://www.fil.ion.ucl.ac.uk/spm) 中进行的。功能像的预处理包括层面定时，头动校正，空间标准化和平滑。依据头动校正曲线，头动平移大于 1.5mm 或旋转大于 1.5°的被试将被剔除。平滑盒的大小为 8mm × 8mm × 8mm。经过预处理，所有 10 名被试均符合标准。

我们首先根据一般线性模型（GLM）对预处理结束后的功能图像进行分析。在每种语言环境条件下，我们将被试由叙述任务引发的脑激活减去基线任务引发的脑激活，分别得到每个被试在每种语言环境下粤语和普通话描述任务时所引发的脑激活。统计分析中使用自由效应分析。为了测评我们所得的脑激活是来源于不出声的叙述，而不是来源于某种语言或语言环境，我们计算了不出声叙述任务对应于基线任务的主效应（所有被试在两种语言环境下，粤语和普通话任务引发下的脑激活的平均值）。

我们通过普通话激活减粤语激活和粤语激活减普通话激活直接计算在每种语言环境下，粤语和普通话在与任务相关的全脑激活的不同。接下来我们比较在两种语言环境下的与任务相关的全脑激活粤语和普通话的不同。统计结果在每个 voxel 水平上经过 0.01 水平的 Alphasim 矫正，此过程通过 AFNI 软件中 Alphasim 程序来实现。Alphasim 程序在同时考虑个体 voxel 水平的阈限值和 cluster 大小的情况下，通过蒙特卡洛模拟的方法检测错误激活的概率。利用这个程序，0.05 水平上 Alphasim 矫正后的最小激活体积为 74 mm^3（经过 1000 次模拟，平滑盒的大小为 8mm）。

同时，我们根据 SPM 中 Brodmann 模板中的分区，分别以左侧的 Broca 区（BA44 和 BA45）和 Wernicke 区（BA22）作为兴趣区（ROI）。BA22/44/45 以外的脑激活不包括在分析当中。每种语言环境条件下，分别提取每个被试在粤语和普通话任务条件下 ROI 所对应的脑激活峰值点的坐标。然后，分别计算在每个 ROI 中粤语和普通话所引发的激活的峰值点的距离。最后我们通过配对样本 t 检验（置换检验，$P=0.05$）比较两种语言环境条件的峰值点距离的差异。

接着我们计算了每个被试在每种语言条件下 Broca 区和 Wernicke 区激活的数目，并用以下公式算出了激活的变化情况（Bloch et al.，2009）。最终我们得到每个被试在每种语言条件下反映被试内的脑激活的变化参数并作比较。

$$s^2 = \frac{n\sum x^2 - (\sum x)^2}{n(n-1)}$$

n = 语言的数量，x = 被激活的数目

兴趣区的峰值点的距离与个体激活变化的比较，采用的是置换检验。对每一组比较，首先假设样本均值分布，接着随机选取与其中一组相同数目的数据作为该组的数据，其余为另一组的数据，然后计算该情况下两组的差异。相同的步骤重复 10000 次，从而得到两组数据差异的分布情况，并以此分布情况的 0.05 水平阈限值作为检测两组是否有差异的阈限。

五、结果

语言任务（不出声地描述）所引发的脑激活结果见图 3 – 3。激活的脑区包括 Broca 区（BA44、BA45）、双边视觉区（BA17、BA18）、双边舌回（BA30）、双边楔前叶（BA7）、右侧小脑后叶、左侧中央前回（BA6）、左侧辅助运动区（BA6）。

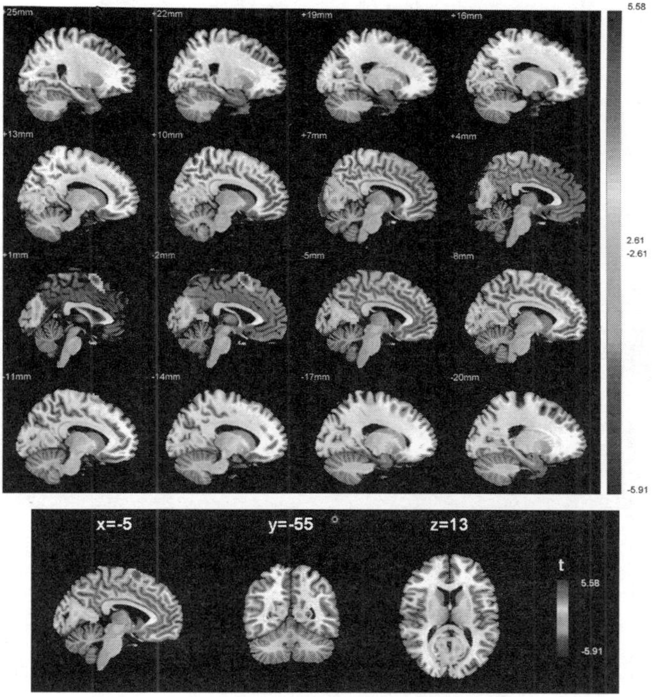

图 3 – 3　与基线任务相比的语言激活

基于全脑所有 voxel 的分析，在第一种语言环境下（粤语和普通话使用情况相同），粤语和普通话的脑激活没有差异。在第二种语言环境下（粤语的使用率为 85% 以下，普通话的使用率为 15% 以下），普通话比粤语有较多激活，这些脑区包括左侧辅助运动区

（BA6），左侧额中回（BA8、BA9、BA10），左侧额下回（BA11、BA47），右侧扣带回（BA23、BA24、BA31、BA32）和右侧顶叶（BA39）（见图3－4）。

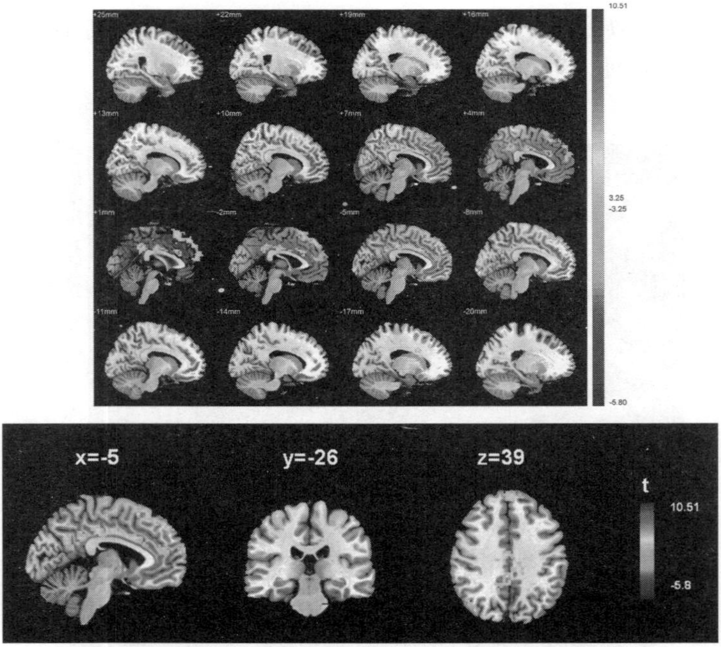

图3－4　语言环境变化后普通话减粤语的激活

基于ROI的分析，在左侧Broca区，当由第一种语言环境转变为第二种语言环境时，粤语和普通话的峰值点的距离不变（$P=0.3417$）。在左侧Wernicke区，语言暴露程度的变化亦没有造成峰值点距离的变化（$P=0.1244$）（见表3－2）。在两种语言环境下个体在Broca区和Wernicke区的激活的变化亦没有差异（$P>0.05$）（见表3－3）。

表 3-2 语言环境变化前后在 Broca 区与 Wernicke 区激活的峰值点坐标和距离的比较

（Broca：$P=0.3417$；Wernicke：$P=0.1244$）

被试	Broca 区峰值点坐标		峰值点距离（mm）	Wernicke 区峰值点坐标		峰值点距离（mm）
	粤语	普通话		粤语	普通话	
语言环境变化前						
S1	-57，18，6	-51，12，42	36.9865	-60，-12，-6	-63，-9，-9	5.1962
S2	-54，24，27	-54，24，30	3	-69，-15，-6	-63，-30，6	20.1246
S3	-51，18，0	-54，21，0	4.2426	-63，-9，-9	-66，-15，3	13.7477
S4	-57，18，-3	-54，18，-3	3	-63，-12，-3	-60，-15，-3	4.2426
S5	-60，18，24	-57，18，15	9.4868	-72，-27，0	-69，-27，3	4.2426
S6	-51，21，24	-51，21，24	0	-66，-33，6	-69，-27，0	4.2426
S7	-51，15，42	-60，15，21	22.8473	-66，-9，0	-63，-12，0	4.2426
S8	-54，9，15	-54，9，15	0	-66，-39，18	-66，-39，18	0
S9	-48，12，39	-48，12，36	3	-60，-12，-6	-69，-24，-3	15.2971
S10	-51，18，15	-51，12，42	27.6586	-66，-18，3	-66，-24，0	6.7082

（续表）

被试	Broca 区峰值点坐标		峰值点距离（mm）	Wernicke 区峰值点坐标		峰值点距离（mm）
	粤语	普通话		粤语	普通话	
语言环境变化后						
S1	-51，15，42	-48，12，39	5.1962	-63，-12，-3	-66，-15，-6	9.9499
S2	-57，21，27	-54，18，30	5.1962	-63，-6，-6	-63，-33，6	29.5466
S3	-54，18，3	-54，18，3	0	-63，-36，15	-66，-12，-3	30.1496
S4	-51，12，42	-54，18，0	42.5323	-60，-12，-3	-66，-36，6	26.3249
S5	-60，18，18	-54，18，21	6.7082	-69，-27，3	-66，-36，9	11.225
S6	-51，21，24	-48，21，24	3	-66，-9，6	-63，-15，6	6.7082
S7	-54，18，39	-51，18，39	3	-66，-6，6	-66，-6，6	0
S8	-54，6，12	-54，9，12	3	-66，-39，15	-66，-39，15	0
S9	-57，24，12	-51，18，0	14.6969	-63，-12，-9	-60，-12，-6	4.2426
S10	-54，18，12	-51，18，12	0	-63，-18，0	-63，-18，0	0

表 3-3 在两种语言环境下语言区的激活 Voxel 数目的变化

（Broca：$P=0.1845$；Wernicke：$P=0.2672$）

被试	Broca 区的 Voxel 数目		峰值点个人差异	Wernicke 区的 Voxel 数目		个人差异
	粤语	普通话		粤语	普通话	
语言环境变化前						
S1	289	260	841	11	11	0
S2	71	167	9216	0	0	0
S3	169	181	144	0	0	0
S4	91	108	289	49	38	121
S5	56	100	1936	0	12	144
S6	272	194	6084	0	13	169
S7	144	64	6400	16	0	256
S8	69	100	961	42	59	289
S9	268	406	19044	11	0	121
S10	43	176	17689	17	30	169

（续表）

被试	Broca 区的 Voxel 数目		峰值点个人差异	Wernicke 区的 Voxel 数目		个人差异
	粤语	普通话		粤语	普通话	
语言环境变化后						
S1	65	128	3969	19	20	1
S2	353	485	17424	17	41	576
S3	61	327	70756	0	0	0
S4	192	442	62500	37	56	361
S5	166	119	2209	58	21	1369
S6	212	149	3969	30	28	4
S7	94	112	324	0	0	0
S8	11	49	1444	11	23	144
S9	337	426	7921	0	0	0
S10	56	15	1681	0	0	0

六、讨论

（一）语言任务的激活

第一次扫描和第二次扫描的语言任务共同激活了 Broca 区（BA44、BA45）、双边视觉区（BA17、BA18）、双边舌回（BA30）、双边楔前叶（BA7）、右侧小脑后叶、左侧中央前回（BA6）、左侧辅助运动区（BA6）。我们的实验任务与 Bloch 等（2009）的实验任务完全一样，所激活的脑区也基本一致。Bloch 的被试的语言主要为欧洲各国的语言，共 18 种。这说明，使用粤语、普通话激活的脑区与使用其他欧洲语言激活的脑区是基本一致的。

Broca 区是经典语言区，位于下额叶（BA44，BA45），细分为额下回岛盖部和额下回三角部。它的主要功能是语言产出和语言理解。如果 Broca 区发生损伤，则会发生 Broca 失语症，病人无法制造符合文法的流畅句子，出现电报式的话语，以短而间断的句子表达思想。以前人们一直认为 Broca 区的语言产出功能大于语言理解功能，然而，最近的研究发现，Broca 区在语言理解方面也起着重要作用。一些研究发现，Broca 区特别是左额下回岛盖部在听复杂句子时被激活（Caplan，2006）；Crewe 等（2005）用 fMRI 研究也发现听歧义句会在额下回造成较大激活。另外，Broca 区与语义的理解有关系：Illes 等（1999）报告了语义判断比非语义判断在左下额叶和右下额叶有较大激活。Broca 区在新的语言学习中亦起作用：Musso 等（2003）报告了 Broca 区在新的语言能力的获取中起着重要作用。我们的实验当中被试对语言的生成激活了 Broca 区。

视觉区由两部分组成：初级视皮层（BA17）和纹外皮层（BA18、BA19）。视觉皮层位于枕叶的距状沟周围。它的输入主要来自丘脑，由背侧流和腹侧流输出。背侧流从 V1 至 V2，进入背内侧区和颞中部，然后到顶下小叶，功能在于处理物体的空间位置信息以及进行相关的运动控制；腹侧流从 V1 至 V2、V4，再至下颞叶，主要功能是参与物体的识别。我们的实验范式：要求被试根据图片提示回想最近发生的事情，并在心里“叙述”出来。实验任务涉及视觉处理，因此，激活了双边视觉区。

舌回与视觉处理，特别是文字的处理相关。如果该区域损伤或该区与其他脑回及脑结构的联系发生损伤，视觉记忆将发生机能障碍（Bogousslavsky et al.，1987）。被试完成将抽象名词与视觉图片配对或以该名词产出句子，配对任务激活了舌回，而造句任务没有激活舌回（Leshikar et al.，2012）。舌回的激活来源于对事实的回想，这说明舌回可能与海马旁回相联系（Cho et al.，1849）。舌回亦与情绪有关系，当向被试呈现激动人心的图画时与呈现一般的图画时相比，被试有较大的小脑扁桃体和舌回的激活（Kehoe et al.，2012）。除了与视觉处理相关，舌回也与语义的处理相关。我们要求被试回想前一天特定时段发生的事情，这是对于事实的回想，会激活视觉记忆，因此，被试的舌回被激活。

楔前叶和记忆任务相关。当被试看图后并通过回想回答问题时，楔前叶被激活（Wallentin et al.，2006）。Lou 等（2004）让被试回忆自己在某时某地发生的具体事情时，楔前叶与额下回一同被激活。在记忆回想任务中，在海马旁回的协助下，楔前叶“决定”哪些信息可用（Boruchow et al.，1991）。Vogt 等（2005）认为，楔前叶和扣带回后部一起，对意识信息的处理非常重要。在我们的实验中，被试的楔前叶的激活可能源自于回想任务。

传统观点认为，小脑只用于控制运动。然而，随着功能成像技术的出现及应用，人们发现，除了运动控制之外的其他情况也可引起小脑的活动。小脑不仅用于运动控制，而且能够处理来自前额叶的更加抽象的信息（Ramnani，2006）。小脑和大脑皮层（尤其是前额皮层）是连接的，小脑和大脑—小脑网络是复杂顺序的控制、组织和理解系统（包括语言控制）的重要组成部分（Barton，2012）。许多研究提供了小脑参与语言处理的证据：Perani 等（2003）研究西班牙语—加泰罗尼亚语 3 岁早期双语者，发现右小脑激活；Jeong 等（2007）研究韩—日—英后期三语者，发现英语任务比日语任务在右小脑有较多激活；Mahendra 等（2003）证实早期和后期双语者造词和造句时有小脑激活。还有一些以中—英文双语者为对象的研究报告了小脑的激活（赵小虎，等，2005；李勇，等，2006；Chan et al.，2008；Liu et al.，2010）。我们实验中小脑的激活可能与语言控制相关。

左侧中央前回是协调讲话的重要脑区，Mori 等（1989）最早报告了左侧额中央前回 1/3 下的损伤引起病人的说话错乱。Dronkers（1996）比较了 25 个说话错乱的中风病人与另外 19 个没有说话错乱的病人，结果发现说话错乱的病人在左脑岛的中央前回有损伤。我们被试的任务为“叙述”，因此，激活了中央前回。

辅助运动区是语言控制脑区之一。一系列有关语言控制的研究证实了这一点：Price 等（1999）发现单词翻译任务激活扣带回前部、豆状核、尾状核，而语言转换任务激活脑岛前部、小脑以及辅助运动区。Rodriguez-Fornells 等（2002）发现，语言的抑制激活前额叶外侧。Rodriguez-Fornells 等（2005）发现，语言干扰引发了左侧额叶背外侧（BA9、BA46）和辅助运动区的激活。我们实验中被试辅助运动区的激活应来自使用粤语时对普通话的抑制和使用普通话时对粤语的抑制。

总之，我们的实验范式是以“图片”指示中午、黄昏、晚上，要求被试在心中“叙述”昨天相应时段发生的事情，相应地，看图激活了双边视觉区；回想激活了双边舌回和双边楔前叶；组织语言激活了 Broca 区、Wernicke 区和左中央前回；使用粤语时对普通话的抑制与使用普通话时对粤语的抑制激活了辅助运动区与小脑后叶。

（二）第一次扫描结果

当早期高熟练度粤—普双言者的语言暴露程度、语言熟练度可比、普通话起始学习年龄为零岁时，在不出声回忆任务中，使用粤语和普通话时，完全相同的脑区被激活。

在支持“聚合观”的研究当中，只有两篇（Chee et al.，1999b；Illes et al.，1999）的结论是一语与二语有完全一致的脑区的激活（见前文表 2－1）。而这两个研究的共同特点：（1）被试的二语学习起始年龄一致；（2）被试两种语言都具有高熟练度；（3）被试处于双语环境下：Chee 等研究的被试来自新加坡，新加坡推行汉—英双语教育，很多新加坡人日常生活中既用英语也用汉语；Illes 等研究中的被试来自斯坦福大学，该大学位于加利福尼亚州。由于靠近墨西哥，除英语外，加利福尼亚州也有相当一部分人讲西班牙语。而双语环境可能使得被试的两种语言有差不多的语言暴露程度，从而使他们使用两种语言时都有着相同的脑表征。我们的结论和 Chee 等（1999b）、Illes 等（1999）的研究结论是完全一致的，共同证明了语言暴露程度与语言熟练度、语言习得年龄三者一起构成了双语/双言者语言脑表征的重要影响因素。

（三）语言环境改变前后 Broca 区与 Wernicke 区激活的比较

我们比较了被试的语言环境发生改变前后在经典语言区 Broca 区与 Wernicke 区激活的脑区峰值点的距离以及 Voxel 数目的变化。当语言暴露程度发生改变之后，粤语的较多使用以及普通话的较少使用并没有引起粤语和普通话在这两个经典语言区激活的峰值点的分离，也没有像 Bloch（2009）报告的那样，激活的 Voxel 数目发生改变。这证明语言暴露程度对 Broca 区和 Werinicke 区没有影响。

Wernicke 区主要功能是对听的理解。如果该区出现损伤，可造成 Wernicke 失语，病人听的理解障碍突出，虽有说话能力，但词汇、语法错误紊乱，常答非所问，讲话内容无法使人真正了解。Wernicke 区位于优势半球颞上回后部（BA22）。由于被试的任务是“说”，因此，我们的实验中的被试在 Wernicke 区的激活很小，甚至没有（见表 3－3）。我们将主要讨论 Broca 区的激活。

Broca 区的激活程度可能与语言的熟练度相关。Briellmann 等（2004）明确指出，被试的低熟练度语言比高熟练度语言在 Broca 区有较大激活。Golestani 等（2006）发现，较低熟练度被试在 Broca 区两种语言被激活区域的峰值点较大。Wattendorf 等（2001）研究了 8 名三语者完成不出声地“描述”前一天的日常生活任务时的脑活动，激活的脑区有前运动区、辅助运动区、扣带回前部和颞中回。兴趣区分析，被试的三种语言在 BA44 和 BA45 激活的 Voxel 数目不相同，Wattendorf 等认为，这说明不同语言的处理是用不同的脑区进行的。在这个研究中，并未报告被试的三种语言的熟练度，我们认为，在 BA44 和 BA45 两个区激活数目的不同可能源于被试的三种语言不同的熟练度。

据我们所知，到目前为止，只有四篇研究报告 Broca 区的激活区域的峰值点的重合（Chee et al.，1999a）或分离（Kim et al.，1997；Golestani et al.，2006；Marian et al.，2007）。Golestani 报告了较低熟练度被试使用法语和英语时，比高熟练者在额下回引起的激活区域的峰值点距离要大，直接证实了是熟练度影响两种语言在 Broca 区的激活区域的峰值点距离。Kim 等（1997）报告了较迟双语者在 Broca 区的激活区的质心点是分离的，而在 Wernick 区是重合的。Kim 等的研究没有测试被试的熟练度，他们提到“被试居住于讲二语的国家，因此二语都很流利”。但是我们认为，居住在讲二语的国家并不能保证被试的二语熟练度一致，Kim 等报告的分离可能来源于被试的不同语言熟练度。正像 Marian 等（2007）报告的那样，他们的被试也居住在说二语的国家，但经测试，他们被试的 TOEFL 分数最低为 480 分，最高为 633 分；SAT 分数最低为 400 分，最高为 670 分，很明显，被试的语言熟练度是不一致的。他们的实验报告了在左额下回，跨语言词汇处理激活区域的峰值点大于同一种语言词汇处理的峰值点，这很有可能是由于被试二语的熟练度不同造成的。相反，在 Chee 等（1999a）以及我们的实验中，被试的一语/粤语和二语/普通话的熟练度是一致的，因此，两种语言/方言在 Broca 区的激活区域的峰值点并未发生分离。

总之，实验一的结果显示，语言暴露程度的改变并不会造成 Broca 区和 Wernicke 区被激活的 Voxel 数目的不同以及峰值点距离的改变。语言熟练度才是两个语言区被激活的 Voxel 数目以及峰值点距离的重要影响因素。我们的粤—普双言者具有相同的粤语和普通话的熟练度，因此，在语言暴露程度发生改变后，这两方面在经典语言区（Broca 区和 Wernicke 区）都没有发生改变。

（四）语言环境发生改变前后的全脑激活的比较

语言环境发生改变后，粤语的较多使用以及普通话的较少使用使得被试在使用普通话时，比使用粤语时在 Broca 区和 Wernicke 区之外的其他脑区有更多激活，这些脑区包括左侧辅助运动区（BA6），左侧前额叶（BA8、BA9、BA10、BA11、BA47），右侧扣带回前部（BA24、BA32），右侧扣带回后部（BA23、BA31），右侧顶叶（BA39）。

在这些脑区当中，除了扣带回后部以外，其他脑区都与认知控制相关。认知神经成像研究和神经心理学研究一致认为：当被试完成需要认知控制的任务时，前额叶（特别是前额叶背外侧，狭义的包括 BA8、BA9 和 BA46，广义的包括 BA8、BA9、BA44、BA45、BA46 和 BA47）和扣带回前部被激活，指示前额叶和扣带回前部负责管理冲突。

前额叶负责执行，比如，保持和处理与任务相关的信息；扣带回前部的功能在于认知控制（Bush et al.，2000；Cabeza et al.，1997）。扣带回首先侦察到冲突信号，然后向前额叶发出信号要求更大的控制，前额叶收到信号后，以自上而下的模式与较后的大脑皮层或基底节一起执行控制（MacDonald et al.，2000）。Bradshaw 等（2000）亦提出额叶背外侧的功能主要在于注意、计划等。

扣带回前部和前额叶背外侧的激活直接反映任务难度和认知需求。比如，解决数学问题的研究证实，随着数学问题的复杂度的提高，扣带回前部和前额叶背外侧的激活程度会上升（Anderson et al.，2003；Qin et al.，2003）。Sohn 等（2003）在一项记忆提取研究中证实，当目标信息与记忆联系较弱时，扣带回前部和前额叶背外侧的激活会增加。这种较弱的联系需要较大的认知努力。词在舌尖现象是一种典型的冲突解决现象，Maril 等（2001）发现当被试出现词在舌尖现象时，左前额叶和扣带回前部有较大激活。

语言转换也是一种认知控制。当被试从 A 语言转换到 B 语言时，被试在 A 语言状态下激活了扣带回前部的较前处，而在 B 语言状态下激活了扣带回前部的较后处（Swainson et al.，2003）。顶叶在语言转换当中也起着辅助作用。Mvorach 等（2006）认为左侧顶叶后部可能影响前一任务，而右侧顶叶后部可能影响当前任务。

除前额叶、扣带回前部以及顶叶后部负责或辅助认知控制外，辅助运动区亦是认知控制脑区之一。一系列有关语言控制的研究证实了这一点：Price 等（1999）发现单词翻译任务激活扣带回前部、豆状核、尾状核，而语言转换任务激活脑岛前部、小脑以及辅助运动区。Rodriguez-Fornells 等（2002）发现，语言的抑制激活前额叶外侧。Rodriguez-Fornells 等（2005）发现语言干扰引发了辅助运动区和前额叶背外侧（BA9、BA46）的激活。

从以上分析可以看出，高熟练度同时粤—普双言者在经过一个月的较多的粤语使用后，使用普通话时额外的脑区被激活，这些脑区与认知控制相关；较少使用的语言需要较多的注意和认知控制。尽管我们的被试从出生后就有着可比的粤语和普通话的使用，并且经过多次的语言转换经历（假期和学期），且多数被试都认为自己能很快适应语言的转换。但沉浸于粤语中 30 天后，在粤语的环境下参加测试，使用语言时脑的活动有了迅速而明显的变化，不太使用的语言并非“自动地”使用，而需要额外的认知的控制，这说明语言暴露程度对语言的认知控制来说，是一个灵敏的、重要的影响因素。

已有的文献亦支持语言环境不同主要影响认知控制相关脑区这一发现。比如，Perani 等（2003）发现 3 岁开始学习二语的西班牙语—加泰罗尼亚语/加泰罗尼亚语—西班牙语双语者的不同的暴露在二语中的程度造成了脑表征的不同：相对于西班牙人使用加泰罗尼亚语，加泰罗尼亚人使用西班牙语较少，有较多的脑活动。这些额外的脑活动主要位于前额叶背外侧（BA6、BA47）、脑岛、左下顶叶（BA40）以及左尾状核。Jeong 等（2007）的研究也发现被试在其第三语言英语中的暴露程度与脑在右小脑以及左下额叶眶部的激活负相关。左下额叶眶部亦是前额叶背外侧的一部分，与注意、控制相关。Jeong 等的研究也证实语言环境的改变主要影响语言的控制机制。在前人的研究当中，由暴露程度的变化或不同引起的额外的脑激活，主要也是与语言的认知控制有关，这和我们的结论一致。

我们目前还不太清楚扣带回后部的功能。尽管扣带回后部与记忆、注意和决定相关的脑区相连，但它的主要功能依然是个谜。医学上证明，老年痴呆症患者在后扣带回的退化引起认知能力的衰减（Minoshima et al.，1997；Yoshiura et al.，2002）。扣带回后部在学习和记忆当中的功能应该远不止运动和空间定位。Pearson 等（2011）提出了一个假设：扣带回后部的活动预示着环境的改变，即抑制的后带回预示着现有的认知环境，而增加的后扣带回的活动预示着或是环境的变化，或是内部状态的变化，后扣带回可以提高大脑的灵活性、探索性和新知识的学习能力。我们的实验结论中，被试的扣带回后部在语言环境改变后有明显的激活，可能是它们侦测到语言环境的变化并提示大脑其他相关区域随之变化。

由暂时的语言环境的改变而引起的语言脑表征的迅速变化，可从脑的可塑性得到部分解释。大量研究表明，经验可以重构神经表征。早在 1998 年，Peterson 等用 PET 观测到，在对动词生成任务进行练习后，左前额叶的脑活动减少。在另一项回忆任务的 PET 研究当中，Peterson 等（1999）发现了练习导致脑的活动在前额叶、前扣带回和后顶叶区减少，这表明练习使人们需要更少的控制和注意。Van 等（2000）指出练习和学习使得神经元发生改变。在语言经历的研究当中，快速的脑的可塑性也得到了证实：Pallier 等（2003）研究发现，当双语者不再暴露在一语中，他们的二语甚至可以取代一语。Tatsuno 和 Sakai（2005）亦观测到青少年大脑的二语习得的可塑性。Abutalebi（2007）等让被试不断地暴露在新学习的方言词书面语中，其神经表征会与已有的熟练词汇的神经表征发生“聚合”，大脑在这一过程当中具有可塑性。Osterhout 等

（2008）通过三个实验发现，课堂的二语教学能够改变二语学习者的脑电活动、脑活动的位置和脑结构，这些改变甚至可以发生在二语习得的最初阶段。最近的一个 ERPs 的研究（Chiara et al.，2010）指出，存在阅读障碍的孩子在经过 6 个月的语音训练后，由书面单词引发的 N150 的位移，证实了早期单词认知电位的重建。既然大脑在语言使用的各个时期（不光是学习的最初阶段）都有可塑性，而这种可塑性取决于对语言的使用，那么被试的语言脑表征无疑和他们暴露在语言中的程度密切相关。①

总之，实验一的结果显示，被试的语言暴露程度的改变引起了语言脑表征的改变。较少使用的普通话引起了与语言控制相关的脑区的额外激活，提示语言较少的使用造成被试不能“自动”地处理语言，而需要额外的认知努力。

第三节　实验二

一、被试

与实验一相同。

二、图像采集

基于 Matlab 2011b 平台，采用 SPM8（http://www.fil.ion.ucl.ac.uk/spm/）软件包对采集的三维结构像数据进行预处理，利用 DARTEL 对全脑结构进行基于体素的形态测量学（VBM）分析。主要步骤：（1）图像转换：将原始数据 DICOM 格式转换成 NIFTI 格

① ERPS 是指事件相关电位，N150 是负波。

式；(2) 图像分割：使用 "New segment" 进行三维脑图像的分割，并选择 "Native + DARTEL Imported" 的输出图像格式，分割完成后主要得到灰质（gray matter，GM）、白质（white matter，WM）和脑脊液（cerebro spinal fluid，CSF）三部分，产生原始空间分割图像，以及 DARTEL 默认格式的图像；(3) 创建模板：分割后得到的 DARTEL 默认格式的灰质图像通过多次迭代求平均模板，并得到灰质图像的变形场；(4) 配准、调制、平滑：利用上一步生成的模板和形变场配准原始图像，将所有原始灰质图像和制作模板配准到蒙特利尔神经学研究所（MNI）的标准空间中，为了保持标准化每个体素的绝对体积不发生改变，需要进行调制，最后应用 8mm 半高全宽的高斯核对经过体积调制后的脑灰质进行空间平滑。

三、数据处理

采用 SPM8 软件运用一般线性模型，以配对样本 t 检验比较同组被试在环境改变前后全脑灰质密度的变化，分析中以年龄、性别以及全脑体积为协变量，控制其影响。当 $P < 0.05$，簇体积大于 100 个体素时，灰质密度的差异有统计学意义。

四、结果

使用配对样本 t 检验发现，环境改变前后同组被试全脑灰质密度没有显著差异，即环境改变后，大脑灰质并未产生显著改变。

五、讨论

实验结果并不符合我们的预期，为期 1 个月的语言环境的变化没有引起被试脑结构的变化。尽管有许多研究证实，经验改变脑结构（Draganski et al.，2004；2006；Driemeyer et al.，2008；Holzel et al. , 2011; Ilg et al. , 2008; Keller and Just, 2009; Schmidt-Wilcke et al. , 2010; Scholz et al. , 2009; Takeuchi et al. , 2010; Taubert et al. , 2010），诸多研究中，只有 Thomas 等（2009）的实验得出了相反的结论：2 个星期的训练并未改变被试的脑的灰质量。

一些学者对短期训练引起的脑结构改变的研究提出了质疑（Thomas et al. , 2013），他们认为，一些因素可能影响结论：一是有关实验组与控制组被试的因素，控制组没有接受训练，而实验组经过训练后再参加扫描时，比较控制组可能有更少的头动和较少的紧张程度，而这些因素会影响磁共振的数据采集；二是实验可重复性较低，比如，三个独立的实验都使用了三个球的杂要训练作为训练任务。Draganski 等（2004）第一个报告了杂要训练引起了双边的颞叶中部（视觉区 hMT/V5）和顶内沟的左后侧的灰质厚度的增加，在训练结束后的 3 个月时间内，这些区域的灰质厚度是减少的。然而，Scholz 等（2009）并未发现 hMT 的结构变化。Thomas 等（2012）则报告了伏隔核、海马回、额叶和扣带回的灰质厚度的增加；三是研究当中少有报告行为和脑结构变化的相关性。比如，除了 Draganski 等（2004）的研究，其他几个以三个球的杂要训练作为训练任务的研究都没有报告行为和脑结构变化的相关性。如果脑结构的变化来自训练，脑结构的变化和行为能力的增强自然有相关性。

我们的被试在语言暴露程度改变前后的脑结构没有差异，一方面，从上面的分析可以看出，短期训练引起脑结构改变有可能是其他因素造成的。另一方面，语言暴露程度的改变和短期训练相比是不同的。我们的被试两种语言都已非常熟练，并非新近学习的。被试使用粤语和普通话已超过 15 年以上，而且，被试的粤语和普通话长期交错使用，因此，实验结果没有发现语言暴露程度对脑结构的影响。

第四节 小 结

在实验一的第一次扫描中，我们考察了10名高熟练度粤—普双言被试使用双言时的脑表征，他们粤语和普通话的熟练度一致、粤语与普通话的暴露程度一致（各为50%）、粤语与普通话起始学习年龄一致（都为出生后即开始习得）。采用fMRI技术观测被试在分别使用粤语和普通话不出声地“叙述”实验前一天中午、黄昏、晚上发生的事情时的脑活动，结果发现被试使用粤语和普通话时的脑神经表征完全一致。这证明语言熟练度、语言暴露程度和普通话起始学习年龄是粤—普双言者脑表征共同的重要的影响因素。在对同一组被试的第二次扫描中，被试的语言环境发生了改变，他们的粤语暴露程度在85%以上，普通话暴露程度在15%以下。实验二的任务与实验一相同。结果显示，普通话与粤语比较，当语言暴露程度发生改变之后，粤语的较多使用以及普通话的较少使用并没有引起经典语言区Broca区与Wernicke区的激活强度和变化程度的改变以及激活区域峰值点的分离，额外的激活发生在Broca区和Wernicke区之外的其他脑区：前额叶背外侧（BA6、BA8、BA9、BA10、BA11、BA47）以及扣带回（BA23、BA24、BA31、BA32）。

实验一第一个用fMRI观测到了短期改变的语言暴露程度引起了高熟练度同时粤—普双言者相应的、迅速的脑活动的变化。这种脑的活动变化主要是与脑的认知控制相关。也就是说，较少的使用某种语言使脑需要更多的认知控制。成人在其一生中，大脑均维持着功能和结构的改变的能力（Taubert et al.，2012）。我们的发现亦证明了人类的大脑是动态的，它的功能是不停地变化的，语言暴露程度是影响语言脑表征的一个重要的、灵敏的因素。

从本质上来说，当语言熟练度达到较高程度之后，语言暴露程度其实就是熟练度的一个指标。纵观有关语言脑表征影响因素的研究，熟练度测试方法五花八门，没有统一的范式，“高熟练度”的评价标准也十分主观和随意，各研究之间没有可比性。似乎缺乏一种可靠的、统一的熟练度测评的范式。而且，有时以目前的方法测试出的熟练度不能反映脑的活动，而语言暴露程度可能是一个能够反映脑活动的指标。因此，在研究二语学习起始年龄是否影响语言脑表征中引入语言暴露程度这一容易控制的因素十分有意义。

实验二报告了语言环境改变前后被试的脑结构并未发生变化。尽管有许多研究报告短期的（几个星期）训练可以改变脑结构，但是从可重复性低以及缺少行为变化和脑结构变化的相关性报告来看，这些研究的可靠性并不高。这些短期训练改变脑结构的结论可能是由任务、方法和技术等原因造成的。另外，语言暴露程度的改变并不同于短期训练，短期训练是由不会至会的过程，而我们的被试对粤语和普通话已使用了超过 15 年，且对粤语和普通话长期交替地使用。这决定了在不同的语言环境下，被试有着相对稳定的脑结构。

第四章　语言习得年龄的影响

第一节　研究假设与设计

一、问题的提出

是否存在一个二语学习年龄上的“关键期”，学界对这个问题依然争论不休。一项基于 1990 年美国统计局 230 万移民的数据调查显示，二语水平与移民的年龄以及受教育程度呈线性相关，并不存在一个所谓的“关键期”的、突然的语言水平的转变（Hakuta et al.，2003）。

然而，许多科学家认为，在生命的一个时期所发生的某种特殊经验比在其他时间更影响一个有机体的发展。而且，语言脑表征的大多数 fMRI 相关研究是支持二语学习起始年龄对脑的语言神经机制有影响的。相当多的研究证实大脑是以不同的语言机制处理较早习得的语言与较迟习得的语言，比如，后期双语者的二语比早期单语者的一语在与运动相关的脑区有更多的激活（Rüschemeyer et al.，2005；2006），早期双语者使用二语时较多运用运动控制的脑区（Wardron et al.，2013）；中等熟练度的后期双语者一语比二语在左前额叶有较大激活（Golestani et al.，2006）；早期习得手语的被试的脑激活模式位于左侧化的前脑背侧，更接近于母语使用者（Mayberry et al.，2011）。通过研究在皮层下纹状体内囊区损伤的失语症病人，Azarpazhooh 等（2010）认为一语比二语有更多的皮层下的表征。

二语学习起始年龄的不同甚至会造成脑结构的不同：Mechelli等（2004）首先证实了双语者的左下顶叶的灰质密度较单语者高。然后，他们对22名意大利语—英语双语者（二语学习起始年龄为2—34岁）进行分析，结果发现，英语熟练度与二语学习起始年龄呈负相关，英语熟练度与左下顶叶灰质密度呈正相关，二语学习起始年龄与左下顶叶灰质密度呈负相关。也就是说，熟练度越高，该区域的灰质密度越高，二语学习起始年龄越迟，该区域的灰质密度越低。Azarpazhooh等（2010）亦发现双语者的语言皮层下的结构随着二语学习起始年龄的不同而变化。Gaser（2003）发现水平较高的音乐人比水平较低的音乐人有更多的灰质。

研究证实，人类出生后的前两年，额叶和顶叶的灰质密度是增加的，而从儿童期开始，额叶和顶叶的灰质密度减少（Sowell et al.，1999a；1999b；2001d；2004；Gilmore et al.，2012）。既然人脑在发育过程中的额叶和顶叶的结构是变化的，额叶和顶叶都是与语言相关的脑区，因此，如果习得语言的年龄不同，就意味着在脑的不同的发育状态下习得语言，就有可能使得大脑采取不同的脑机制处理一语与二语，甚至使早期双语者与后期双语者有不同的脑结构。

二、研究假设

本文在前边的文献综述中列举了若干支持“关键期”的存在的研究（见前文表2－2）。但是，这些文献中，有相当一部分没有重视语言暴露程度的影响。仅有3篇（Marian et al.，2007；Hernandez et al.，2007；Isel et al.，2010）用数据报告了实验前被试具体的语言使用情况，但是Marian等的研究中，被试的二语暴露程度大于一语暴露程度，而在 Hernandez 等的研究中，被试的一语暴露程度大于二语暴露程度，而 Isel 等对被试的语言熟练度测试中，后期组的成绩优于早期组的成绩。由此可见，研究结论中的语言脑机制的不同究竟来源于语言熟练度或是二语学习起始年龄，又或是语言暴露程度，显得含混不清。因此，我们拟对语言暴露程度、普通话起始学习年龄以及双言的熟练度进行严格控制后，考察普通话起始学习年龄究竟对被试的语言神经表征是否有影响。

如前所述，到目前为止，大多数研究支持二语学习起始年龄影响语言神经表征，且脑发育造成的额叶与顶叶的灰质密度的减少使得大脑采取不同的方式处理一语与较迟习得的二语成为可能。因此，我们的研究假设：普通话的不同习得年龄影响被试的脑表征以及脑结构，早期双语者与后期双语者在脑的语言功能和结构方面存在差异。

三、研究设计

从前面的实验一中我们得出结论：语言暴露程度是影响语言脑表征的重要影响因素，它的影响力甚至超过了熟练度的影响力，是反映语言神经表征的一个重要指标。因此，我们在对此因素进行严格控制后，考察普通话起始学习年龄究竟对被试的语言神经表征是否有影响。具体实验设计如下：选取高度熟练的粤—普双言者，他们具有相同的粤语与普通话的使用情况（约各 50%），以普通话起始学习年龄（0 岁、3 岁、7 岁）作为变量分为三组，采用 fMRI 技术观测被试分别使用粤语和普通话不出声地“叙述”实验前一天中午、黄昏、晚上发生的事情时的脑活动；用磁共振扫描获取被试的脑结构像，采用 VBM 比较三组被试的脑结构。

第二节　实验三

一、被试

我们向广州各所大学的粤—普双言者发放了1500份调查问卷（见附录一），其中有效问卷1100份。经过筛选，最终选出了34名被试。被试均为右利手，年龄为19—27岁，男11人，女23人，分为三组，0岁组：11人，被试从出生开始同时暴露在粤语和普通话环境中，或者他们的父亲讲粤语，母亲讲普通话；或者相反；或者家人中有人讲粤语，有人讲普通话；或者保姆讲粤语，家人讲普通话等；3岁组：11人，被试从出生至3岁左右从未接触过普通话，3岁左右进入幼儿园后，开始逐渐习得普通话；7岁组：12人，被试从出生至7岁左右从未接触过普通话，7岁左右进入小学后，开始逐渐习得普通话。被试情况见表4－1。所有的被试均为右利手（爱丁堡利手测量，Oldfiled，1971），无精神疾病，每名被试在实验前均接受了各项安全保障检查（附录六），签署了知情同意书（附录七），实验后获得一定报酬。

首先，我们采用被试自我测评和考官面试相结合的方法对被试的熟练度进行评价。听力测试包括两部分：（1）自我测评，采用CERR（欧洲语言能力自我测试）（Council of Europe，2001）标准（附录三）；（2）在实验前让被试听粤语和普通话的两个故事，并回答有关故事各5个考察细节的问题。口语测试采用面试的方法，分别由3名面试官进行。粤语的3名面试官均为广州本地人；普通话的3名面试官均为国家级普通话测试员。面试前对考官进行了培训，明确了考评标准（欧洲语言能力自我测试标准）（Council of

Europe，2001）。

通过熟练度比较的统计分析发现，从听力自测来看，三个组的粤语水平没有差异（$P=0.201$）、普通话水平没有差异（$P=0.410$）；从听故事回答问题的正确个数来看，三个组的粤语水平没有差异（$P=0.349$）、普通话水平没有差异（$P=0.122$）；从面试成绩来看，三个组的粤语水平没有差异（$P=0.085$）、普通话水平没有差异（$P=0.590$）。总体比较，三个组的粤语水平没有差异（$P=0.647$）、普通话水平没有差异（$P=0.545$）。组内比较，各个组的粤语水平与普通话水平均没有差异：0 岁组（$P=0.782$）、3 岁组（$P=0.473$）、7 岁组（$P=0.293$）。

我们还调查了被试参加实验前为期 30 天的语言使用情况（见附录四）以及分年龄段调查了被试从出生至实验前语言的使用情况（见附录五），被试的语言暴露程度没有差异。三个组的近 30 天的粤语使用情况一致（$P=0.949$）、普通话使用情况一致（$P=0.949$）。组内比较，各个组的粤语使用与普通话使用情况一致：0 岁组（$P=0.899$）、3 岁组（$P=0.645$）、7 岁组（$P=0.269$）。从被试一生当中的语言使用情况来看，6 岁之前三个组有差异：0—1 岁（$P=0.000$）、2—3 岁（$P=0.000$）、4—6 岁（$P=0.000$），从 7 岁以后，三个组各年龄段均无差异：7—12 岁（$P=0.244$）、13—15 岁（$P=0.777$）、16—18 岁（$P=0.775$）、19 岁至实验前（$P=0.989$）。熟练度比较以及语言暴露程度比较具体的统计分析数据见附录九。

二、实验任务

同实验一。

三、图像采集

同实验一。

四、数据分析

功能像和结构像的数据分析都是在 SPM8(http://www.fil.ion.ucl.ac.uk/spm) 中进行的。功能像的预处理包括层面定时，头动校正，空间标准化和平滑。依据头动校正曲线，头动平移大于 1.5mm 或旋转大于 1.5°的被试将被剔除。平滑盒的大小为 8mm × 8mm × 8mm。所有 34 名被试均符合处理标准。

表 4-1　实验三被试情况表

被试	性别	年龄	普通话起始学习年龄	听力成绩 粤语 自测	听力成绩 粤语 听故事	听力成绩 普通话 自测	听力成绩 普通话 听故事	口语成绩 粤语 考官一	口语成绩 粤语 考官二	口语成绩 粤语 考官三	口语成绩 普通话 考官一	口语成绩 普通话 考官二	口语成绩 普通话 考官三	30 天语言暴露程度（%） 粤语	30 天语言暴露程度（%） 普通话	不同年龄阶段语言暴露程度 0－1 岁	2－3 岁	4－6 岁	7－12 岁	13－15 岁	16－18 岁	19 岁－
0 岁组																						
S1	F	22	0	9	4	9	5	C2	C1	C1	C2	C1	C1	37.3%	62.7%	4	4	4	5	5	5	6
S2	M	20	0	8	5	9	4	C2	C2	C1	C2	C1	C1	29.5%	70.5%	2	3	3	3	3	5	4
S3	F	21	0	10	5	10	4	C2	C2	C1	C1	C1	C1	64.2%	35.8%	4	4	3	3	4	2	5
S4	F	21	0	10	5	10	4	C2	C2	C2	C1	C2	C2	46.0%	54.0%	5	5	6	6	4	6	6
S5	F	22	0	8	4	8	4	C2	C2	C2	C1	C1	C2	41.6%	58.4%	2	4	4	4	4	4	4
S6	M	21	0	9	5	8	4	C2	C2	C2	C1	C1	C1	60.5%	39.5%	4	4	3	3	5	4	5
S7	M	20	0	10	5	6	5	C1	C1	C2	B2	C1	C1	65.6%	34.4%	4	4	5	4	4	4	4
S8	M	22	0	10	4	6	4	C2	C1	C2	B2	C1	C1	45.5%	54.5%	4	5	5	3	2	2	3
S9	M	21	0	10	5	9	4	C2	C1	C1	C2	C2	C1	40.0%	60.0%	4	4	4	6	3	3	4
S10	F	25	0	10	4	9	5	C2	C1	C2	C1	C2	C1	48.4%	51.6%	3	4	3	5	5	5	3
S11	F	24	0	10	4	9	4	C2	C2	C1	C1	C1	C1	67.4%	32.6%	2	3	3	3	3	3	4

（“自测”列，数字表示被试自认为能达到的语言能力标准的个数；“听故事”列表示实验三前听故事的正确个数；口语成绩的分级：A1—C2，A1 和 A2 表示基本使用者，B1 和 B2 表示独立使用者，C1 和 C2 表示熟练使用者。不同年龄阶段语言暴露程度分级：1—7，1 表示仅使用粤语，7 表示仅使用普通话，4 表示 50% 使用粤语、50% 使用普通话。

（续表 1）

被试	性别	年龄	普通话起始学习年龄	听力成绩				口语成绩						30 天语言暴露程度（%）		不同年龄阶段语言暴露程度						
				粤语		普通话		粤语			普通话											
				自测	听故事	自测	听故事	考官一	考官二	考官三	考官一	考官二	考官三	粤语	普通话	0–1 岁	2–3 岁	4–6 岁	7–12 岁	13–15 岁	16–18 岁	19 岁–
3 岁组																						
S1	F	22	3	7	5	8	5	C2	C2	C2	C1	C1	C2	69.1%	30.9%	1	2	2	3	3	3	4
S2	F	21	3	10	5	9	4	C2	C2	C2	C1	C1	C2	64.1%	35.9%	1	2	2	4	3	5	4
S3	M	21	3	10	5	7	5	C2	C2	C2	C2	C2	C2	43.3%	56.7%	1	2	2	3	3	2	4
S4	F	20	3	9	5	9	5	C1	C1	C2	C1	C1	C1	33.8%	66.2%	1	2	3	4	5	5	5
S5	M	19	3	10	5	9	4	C2	C1	C2	C1	C1	C1	57.0%	43.0%	1	3	4	4	4	4	4
S6	F	20	3	8	5	9	5	C2	C2	C2	C1	C2	C2	40.8%	59.2%	1	2	4	5	4	5	2
S7	F	21	3	10	5	10	5	C2	C2	C2	C1	C1	C2	33.0%	67.0%	1	3	3	3	4	4	6
S8	F	19	3	9	4	8	5	C2	C2	C2	C1	C1	C2	62.0%	38.0%	1	3	3	3	3	3	4
S9	M	27	3	9	3	9	5	C2	C2	C2	B2	C1	C1	39.5%	60.5%	1	2	2	4	4	6	6
S10	F	20	3	9	5	9	4	C2	C2	C2	C1	C1	C1	51.2%	48.8%	1	2	2	3	3	4	4
S11	F	25	3	10	5	9	4	C2	C2	C2	C2	C1	C2	42.5%	57.5%	1	3	3	3	3	3	5

（续表2）

被试	性别	年龄	普通话起始学习年龄	听力成绩				口语成绩						30天语言暴露程度（%）		不同年龄阶段语言暴露程度						
				粤语		普通话		粤语			普通话											
				自测	听故事	自测	听故事	考官一	考官二	考官三	考官一	考官二	考官三	粤语	普通话	0－1岁	2－3岁	4－6岁	7－12岁	13－15岁	16－18岁	19岁－
7岁组																						
S1	M	22	7	9	5	8	5	C2	C2	C1	C1	C2	C1	36.5%	63.5%	1	1	1	6	6	3	4
S2	F	22	7	9	5	9	5	C2	C2	C2	C1	C1	C2	50.1%	49.9%	1	1	1	3	3	3	6
S3	F	26	6	9	5	5	5	C2	C2	C2	C1	C1	C2	46.5%	53.5%	1	1	1	4	4	5	5
S4	F	27	7	10	5	7	4	C2	C2	C2	C1	C1	C1	47.6%	52.4%	1	1	1	4	4	5	3
S5	F	20	7	8	5	7	5	C2	C2	C2	C1	C2	C1	41.7%	58.3%	1	1	1	3	4	5	4
S6	F	26	7	9	5	6	5	C2	C2	C2	C1	C1	C2	55.1%	44.9%	1	1	1	2	3	3	4
S7	M	20	7	7	5	6	4	C2	C2	C2	C1	C1	C1	37.8%	62.2%	1	1	1	2	2	3	5
S8	M	24	7	9	4	9	5	C2	C2	C2	C2	C1	C1	61.0%	39.0%	1	1	1	3	4	4	4
S9	F	19	6	7	5	7	4	C2	C2	C2	C2	C1	C1	55.7%	44.3%	1	1	1	2	3	3	5
S10	F	20	7	9	4	10	5	C1	C1	C1	C1	C1	C1	39.9%	60.1%	1	1	1	5	3	2	4
S11	F	24	7	9	5	9	4	C2	C2	C1	B2	C1	C1	48.2%	51.8%	1	1	1	3	4	4	5
S12	F	22	7	8	4	7	5	C2	C2	C2	C1	B2	C1	57.4%	42.6%	1	1	1	3	4	4	4

针对预处理结束后的功能图像，首先我们根据 GLM 模型对其进行全脑水平的分析。在每种语言环境条件下，我们分别得到每个被试在粤语和普通话描述任务下所引发的脑激活。对此我们进行统计分析，主要包括三部分：（一）不针对特定的语言和语言环境，我们将上述所得到的所有脑激活图进行平均，从而得到由任务所引发的脑激活。（二）在每种语言环境条件下，我们利用群组分析比较双言所引发的脑激活的差异。所得激活比较的统计值经过 Alphasim 0.05 水平上的校正。进而比较语言环境变化对双言所引发的脑激活差异的影响。（三）在每种特定的语言水平上，我们利用群组分析比较三个年龄组脑激活的差异，所得激活比较的统计值经过 Alphasim 0.05 水平上的校正。

其次，在 ROI 水平上，我们根据 Brodmann 模板中的分区，分别以左侧的 Broca 区和 Wernicke 区作为 ROI。每种语言环境条件下，分别提取每个被试在粤语和普通话任务条件下 ROI 所对应的脑激活的峰值点坐标。然后分别计算在每个 ROI 中粤语和普通话所引发的激活的峰值点距离。我们通过单因素方差分析（one-way ANOVA）的方法比较了三个组在使用粤语和普通话时激活的脑区的峰值点距离的差异。

接着，我们计算了每个被试在每种语言条件下 Broca 区和 Wernicke 区的激活数目，并用以下公式算出了被试的激活变化情况（Bloch et al.，2009）。

$$s^2 = \frac{n\sum x^2 - (\sum x)^2}{n(n-1)}$$

n = 语言的数量，x = 被激活的数目

最后，我们得到每个被试在每种语言条件下粤语和普通话脑激活的变化参数，进而比较三个组之间是否有不同的变化。兴趣区峰

值点距离和个体激活变化的比较，以及被试入组标准的统计分析都采用的是单因素方差分析，用 SPSS13.0 进行统计分析。

基于全脑所有 voxel 的分析，三个组完成语言任务共同激活了 Broca 区（BA44、BA45）、双边视觉区（BA17、BA18）、双边舌回（BA30）、双边楔前叶（BA7）、右侧小脑后叶、左侧中央前回（BA6）、左侧辅助运动区（BA6）。结果见图 4-1。

基于全脑所有 voxel 的分析，横向比较三个组使用粤语与普通话的差异，结果发现：0 岁组被试的粤语表征与普通话表征完全一致；3 岁组被试的粤语激活减普通话激活为零，普通话比粤语在丘脑处有较多激活；7 岁组被试的普通话激活减粤语激活为零，粤语比普通话在右侧楔叶（BA19）、舌回（BA18）、左侧顶下小叶（BA40）、右侧中央前回（BA9），以及脑干和小脑前叶有较大激活。结果见图 4-2 和图 4-3。

基于全脑所有 voxel 的分析，纵向比较各组使用粤语或普通话时的脑活动，结果发现使用粤语时，3 岁组与 0 岁组的脑激活没有区别；7 岁组与 3 岁组相比，在丘脑、左侧楔叶（BA19）、尾状核有较多激活；7 岁组与 0 岁组相比，在丘脑上有较多激活。使用普通话时，各组均无区别。结果见图 4-4 和图 4-5。

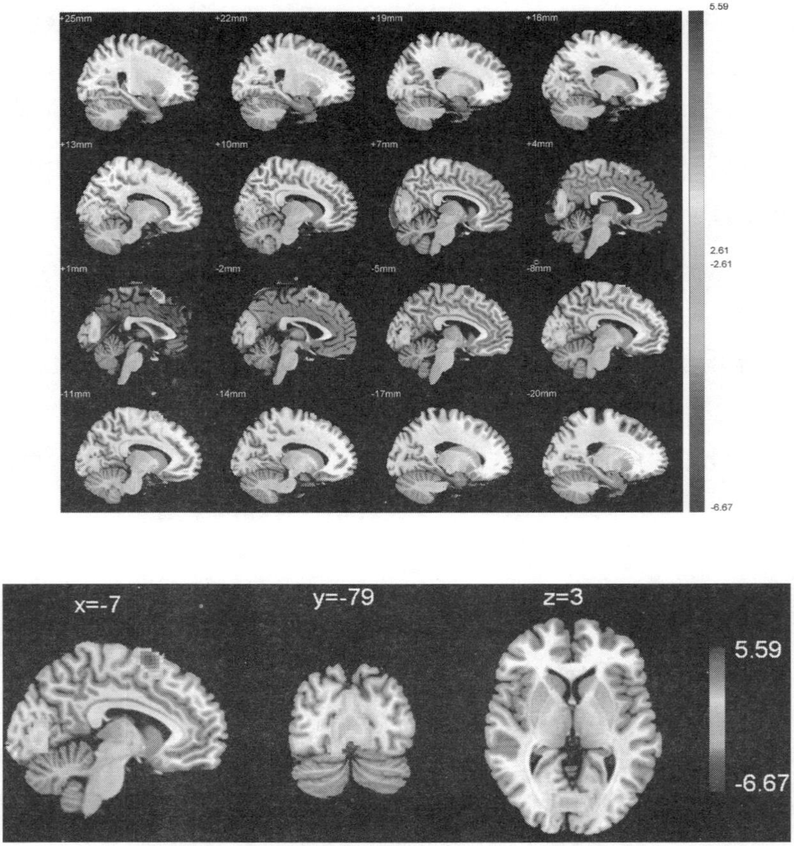

图 4－1　与基线任务相比的语言任务激活

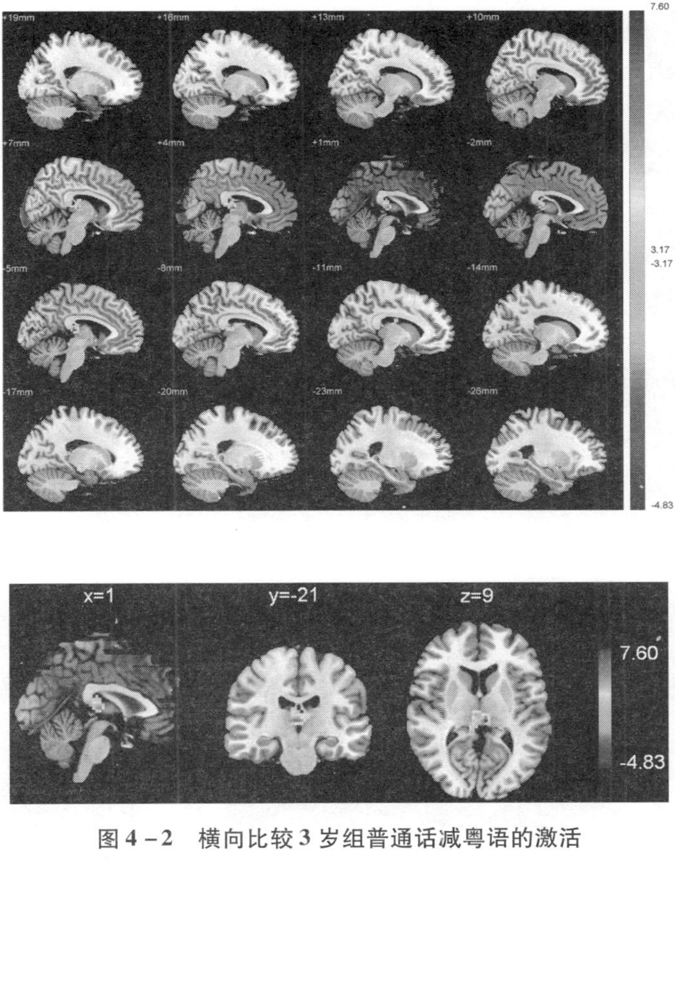

图 4－2　横向比较 3 岁组普通话减粤语的激活

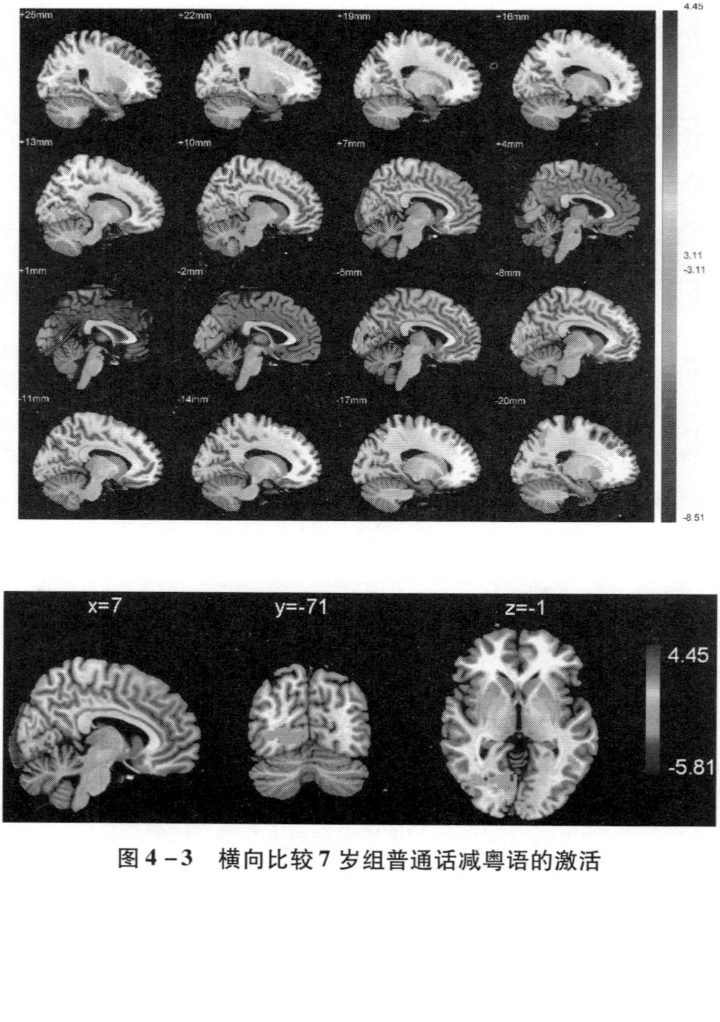

图 4－3　横向比较 7 岁组普通话减粤语的激活

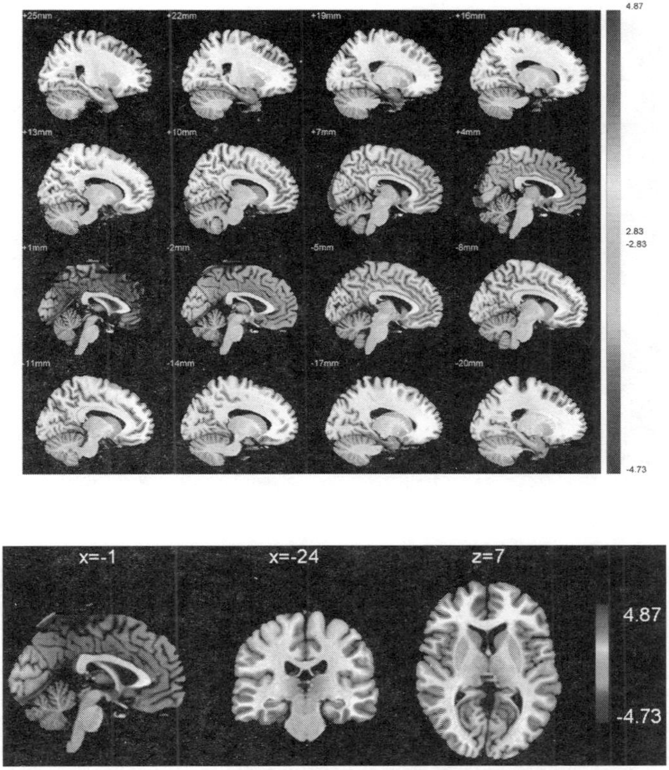

图 4 – 4　纵向比较 0 岁组与 7 岁组粤语的激活

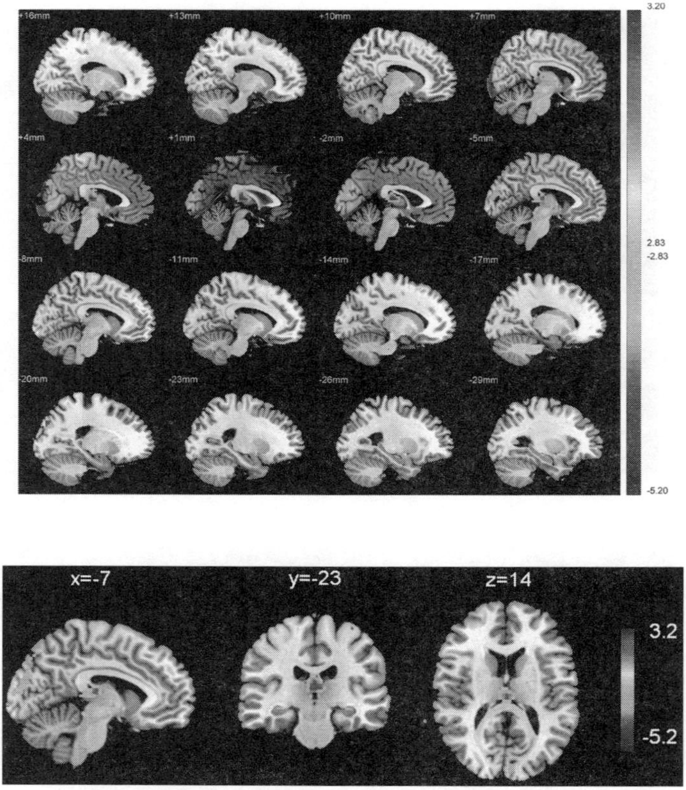

图 4 -5　纵向比较 3 岁组与 7 岁组粤语的激活

基于 ROI 的分析，在左侧 Broca 区和左侧 Wernicke 区，三个组的粤语和普通话的峰值点距离没有统计意义上的差别（$P>0.05$）（见表 4 -2）；三个组在经典语言区的激活 Voxel 数目的变化也没有差别（$P>0.05$）（见表 4 -3）。

表 4-2 三组被试在 Broca 区与 Wernicke 区激活的峰值点坐标和距离的比较

被试	Broca 区峰值点坐标		峰值点距离（mm）	Wernicke 区峰值点坐标		峰值点距离（mm）
	粤语	普通话		粤语	普通话	
0 岁组						
S1	-45, 21, 24	-48, 18, 3	21.4243	-69, -27, 0	-69, -24, -3	4.2426
S2	-60, 18, 12	-57, 21, 18	7.3485	-63, -33, 6	-69, -24, -3	14.0712
S3	-57, 15, 3	-54, 21, 12	11.225	-63, -33, 6	-66, -9, -6	27
S4	-60, 18, 6	-57, 21, 9	5.1962	-63, -15, -3	-66, -18, -3	4.2426
S5	-51, 27, 3	-48, 24, 6	5.1962	-66, -39, 18	-66, -39, 18	0
S6	-51, 9, 15	-51, 15, 0	16.1555	-63, -33, 15	-63, -36, 15	3
S7	-57, 21, 3	-60, 24, 6	5.1962	-66, -15, -6	-63, -6, -9	9.9499
S8	-48, 18, 3	-45, 15, 3	4.2426	-66, -36, 6	-66, -24, 6	12
S9	-39, 6, 33	-57, 21, 3	38.0657	-69, -24, -3	-69, -24, -3	0
S10	-51, 24, -3	-51, 24, -3	0	-66, -12, 0	-63, -6, -9	11.225
S11	-48, 12, 24	-48, 12, 24	0	-60, -15, -3	-60, -12, -3	3

（续表 1）

被试	Broca 区峰值点坐标		峰值点距离（mm）	Wernicke 区峰值点坐标		峰值点距离（mm）
	粤语	普通话		粤语	普通话	
3 岁组						
S1	-51, 12, 42	-57, 15, 24	19.2094	-66, -36, 6	-60, -12, -6	27.4955
S2	-57, 18, 6	-51, 12, 42	36.9865	-60, -12, -6	-63, -9, -9	5.1962
S3	-54, 24, 27	-54, 24, 30	3	-69, -15, -6	-63, -30, 6	20.1246
S4	-51, 21, 30	-54, 24, 33	5.1962	-69, -27, 0	-69, -27, 0	0
S5	-51, 18, 0	-54, 21, 0	3	-63, -9, -9	-66, -15, 3	13.7477
S6	-51, 9, 39	-51, 21, 12	29.5466	-69, -27, 6	-66, -24, 3	5.1962
S7	-57, 18, -3	-54, 18, -3	0	-63, -12, -3	-60, -15, -3	4.2426
S8	-60, 18, 24	-57, 18, 15	9.4868	-72, -27, 0	-69, -27, 3	4.2426
S9	-57, 21, 24	-57, 21, 30	6	-66, -24, 0	-63, -33, 6	11.225
S10	-57, 9, 6	-57, 27, 3	18.2483	-63, -33, 18	-63, -9, -9	36.1248
S11	-54, 27, 3	-48, 18, 33	31.8904	-66, -36, 6	-63, -30, 6	6.7082

（续表 2）

被试	Broca 区峰值点坐标		峰值点距离（mm）	Wernicke 区峰值点坐标		峰值点距离（mm）
	粤语	普通话		粤语	普通话	
7 岁组						
S1	−54，18，39	−51，12，42	7.3485	−69，−27，0	−66，−27，3	4.2426
S2	−54，21，−3	−54，21，0	3	−69，−27，0	−63，−12，−9	18.4932
S3	−51，18，0	−51，18，0	0	−66，−36，6	−63，−33，6	4.2426
S4	−60，24，3	−54，24，0	6.7082	−60，−18，6	−63，−18，3	4.2426
S5	−42，18，27	−57，30，6	28.4605	−63，−6，−9	−63，−6，−9	0
S6	−51，21，24	−51，21，24	0	−66，−33，6	−69，−27，0	9
S7	−57，18，24	−57，21，21	4.2426	−66，−18，0	−66，−15，−3	4.2426
S8	−54，9，15	−54，9，15	0	−66，−39，18	−66，−39，18	0
S9	−51，18，15	−51，12，42	27.6586	−60，−12，−6	−66，−24，0	14.6969
S10	−54，27，18	−60，27，15	6.7082	−69，−21，0	−66，−12，−9	13.0767
S11	−63，12，15	−48，18，33	24.1868	−66，−21，6	−60，−12，0	12.3693
S12	−54，15，3	−54，27，24	24.1868	−63，−9，−9	−66，−12，−9	4.2426

表 4－3　三个组在经典语言区激活 Voxel 数目的变化

被试	Broca 区的 Voxel 数目		个人差异	Wernicke 区的 Voxel 数目		个人差异
	粤语	普通话		粤语	普通话	
0 岁组						
S1	79	12	4489	37	0	1369
S2	39	15	576	19	0	361
S3	180	247	4489	51	33	324
S4	275	264	121	29	24	25
S5	30	16	196	0	0	0
S6	0	31	961	0	14	196
S7	180	109	5041	0	0	0
S8	94	86	64	53	88	1225
S9	0	103	10609	0	0	0
S10	69	87	324	16	19	9
S11	174	249	5625	41	19	484

（续表1）

被试	Broca 区的 Voxel 数目		个人差异	Wernicke 区的 Voxel 数目		个人差异
	粤语	普通话		粤语	普通话	
3 岁组						
S1	79	0	6241	0	0	0
S2	289	260	841	11	11	0
S3	71	167	9216	0	0	0
S4	96	82	196	16	47	961
S5	169	181	144	0	0	0
S6	150	151	1	12	24	144
S7	91	108	289	49	38	121
S8	56	100	1936	0	12	144
S9	333	421	7744	0	23	529
S10	132	302	28900	0	0	0
S11	132	46	7396	0	0	0

（续表2）

被试	Broca 区的 Voxel 数目		个人差异	Wernicke 区的 Voxel 数目		个人差异
	粤语	普通话		粤语	普通话	
7 岁组						
S1	201	175	676	0	0	0
S2	153	32	14641	21	0	441
S3	207	103	10816	0	0	0
S4	0	55	3025	0	0	0
S5	215	174	1681	16	0	256
S6	272	194	6084	0	13	169
S7	199	186	169	16	27	121
S8	91	100	81	42	59	289
S9	43	176	17689	11	30	361
S10	385	360	625	89	64	625
S11	0	0	0	0	0	0
S12	30	22	64	0	0	0

六、讨论

（一）语言任务的激活

三个组完成语言任务共同激活了 Broca 区（BA44、BA45）、双边视觉区（BA17、BA18）、双边舌回（BA30）、双边楔前叶（BA7）、右侧小脑后叶、左侧中央前回（BA6）、左侧辅助运动区（BA6）。这个结果和实验一相比，完全一致，说明了我们的实验具有较高的可重复性，有较高的可信度。各脑区的分析已在实验一的讨论中进行。

（二）三个组在 Broca 区激活的比较

由于 Wernicke 区主要与语言理解有关，我们的实验范式决定了被试在 Wernicke 区的激活很小，甚至没有（见前文表 4-3）。因此，我们将主要讨论 Broca 区的激活。前文实验一的讨论中，我们提出了语言熟练度是 Broca 区激活的影响因素。实验三的结果再次证实了这一点：三个组在经典语言区 Broca 区与 Wernicke 区激活的脑区的峰值点距离以及 Voxel 数目的变化并无差异。这说明，普通话起始学习年龄并不会造成 Broca 区和 Wernicke 区的激活模式的改变。我们的粤—普双言者具有相同的粤语和普通话熟练度，因此，三个组在 Broca 区的语言表征都没有差别。因此，语言熟练度才是决定 Broca 区被激活的 Voxel 数目以及峰值点距离的重要影响因素。

Bloch 等计算了各被试在 Broca 区和 Wernicke 区被激活区域数量的变化（Voxel 数目的方差），发现较早暴露在二语当中的被试三种语言（前两种较早习得，后一种较晚习得）脑的激活均有较小的变化；相反，较迟习得二语者有较大的变化。因此，他们的结论是，脑的语言表征和二语学习起始年龄相关。我们也计算了不同普通话习得年龄的三个组的被试在 Broca 区和 Wernicke 被激活区域的

Voxel 数目的方差（即语言激活的变化），发现语言暴露程度对被试在 Broca 区和 Wernicke 区的脑激活的变化并无影响。我们认为，Bloch 所找到的这种变化，一种可能是源自于被试熟练度的差异：Bloch 研究中的被试语言熟练度控制不够好，虽然四个组的熟练度是可比的，但后期组被试的二语的成绩略差于其他三个被试组，且各被试各语言的熟练度相差较大，有 A1、A2、B1、B2、C1、C2 不等（A1 和 A2 为基本使用者；B1 和 B2 为独立使用者；C1 和 C2 为熟练使用者）。熟练度是语言脑表征的重要影响因素之一，若个体熟练度差异太大，自然会导致脑表征的差异较大；另一种可能是 Bloch 等的实验过程可能控制得不好：在三组早期双语者中，有 11 名被试的 Bloch 区完全没有激活，这可能是由于实验过程中被试在完成基线任务时也没有停止思考，从而造成刺激任务和基线任务时脑的活动完全相同。这也可能是造成后期三语者与早期三语者脑表征变化差异的原因。

（三）三个组在全脑激活的比较

从横向比较三个组使用粤语与普通话脑表征的结果来看，普通话的习得年龄越早，粤语和普通话的脑表征越趋同。0 岁组被试的粤语脑表征与普通话脑表征完全一致，说明如果普通话与粤语是同时习得的，大脑是以相同的方式处理粤语和普通话的。3 岁组被试的粤语表征和普通话脑表征只在丘脑上有一些区别，说明 3 岁组被试较多地采用大脑皮层—丘脑回路处理普通话。而 7 岁组的粤语与普通话的脑表征差别较大，粤语比普通话在右侧楔叶（BA19）、舌回（BA18）、左侧下顶叶（BA40）、右侧中央前回（BA9），以及脑干和小脑前叶有较大激活。

从纵向比较三个组使用粤语与普通话脑表征的结果来看，三个组的普通话引发的脑激活无统计意义上的差异，说明普通话起始学习年龄对普通话的语言脑表征并无影响。普通话起始学习年龄反而会影响粤语的脑表征：较早习得普通话（0 岁和 3 岁）的被试使用粤语时脑表征无差异，而较迟习得普通话（7 岁）的被试使用粤语时在丘脑、左侧楔叶（BA17）、尾状核有较多激活，提示较迟习得普通话的被试与较早习得普通话的被试采取不同的脑机制处理粤语。

总之，普通话起始学习年龄主要对较迟习得普通话的被试有影响，使其采用不同于较早习得普通话的被试的语言机制处理粤语。然而，普通话起始学习年龄对普通话的脑机制并无影响，不管是较早或较迟习得普通话，所有被试都采用同样的语言脑机制处理普通话。

从被试额外激活的脑区来看，似乎都和认知控制相关。第一，丘脑在语言的注意和执行控制中起着重要作用（Radanovic et al.，2003；Marzinzik et al.，2008）。从失语症的研究来看，早在 1968 年，Ojemann 等便报告了丘脑枕的损毁可导致语言障碍。汤慈美（2002）总结了丘脑性失语症者的共同的语言障碍特征为语量少、词义性错语、语音低等。Witte 等（2012）亦总结了丘脑损伤的患者会出现命名障碍、阅读障碍、语言理解障碍、构音障碍、复述障碍等。在脑成像及脑电图的研究方面，Mestres-Misse 等（2008）报告了丘脑在词汇提取和意义获取中的参与。Wahl 等（2008）用 EEG（脑电图）记录了句法和语义违背当中的脑活动，发现了丘脑对句法和语义参数系统的反应，因而他们提出语法和语义的分析主要是由大脑皮层—丘脑回路完成的。Yu（2011）比较了语句事实不正确的句子与语句事实正确的句子所引发的脑激活的不同，发现前者比后者在双侧额下回、双侧中/上颞叶（右侧较少）以及丘脑和 BA6 有额外激活。

丘脑功能所涉及的范围很广，也很复杂，几乎参与前脑的所有活动。丘脑—皮质回路与控制相关（张培林，等，1987）。Kropotov等（1999）提出皮质—基底节—丘脑—皮质回路的主要作用是感觉—运动—认知活动的发起、准备和抑制。Ullman亦提出Broca区是皮质—基底节—丘脑—皮质回路的一部分。从我们的实验结果来看，似乎普通话的习得年龄越迟，被试越多采用皮质—丘脑—皮质回路。

第二，楔叶（BA17）接受来自对侧的视网膜信息，参与基本的视觉处理。它的锥体细脑和前纹状皮质（BA18，BA19）相连。楔叶亦和抑制控制相关：Haldane等发现（2008）楔叶与顶下叶较多的灰质量与两极型忧郁症病人较好的抑制控制相关联。

第三，舌回和文字的识别与语义的处理相关。舌回和冲突管理似乎也有关系。Carter等（1995）和Peterson等（1999）都发现被试完成Stroop色词命名任务时，不一致条件与一致条件相比和一致条件与中位条件相比，舌回都有较大激活。

第四，顶叶在语言控制中也起着作用。Mvorach等（2006）认为左侧顶叶后部可能影响前一任务，而右侧顶叶后部可以影响当前任务。Abutalebi和Green（2007）在研究大量文献的基础上，提出认知控制是由分离的脑区形成的网路完成的，这些脑区包括前额叶皮层、下顶叶皮层、前扣带回和基底节。

第五，小脑皮层由以晶体方式排列的规则而简单的细胞组织构成。小脑和大脑以及脑的其他部分是联系在一起的。小脑总体积约占整脑的10%，然而其所含的神经元数量却超过全脑神经元总数的一半以上，因而小脑具有非常强大的信息处理能力。小脑皮层的基本信息处理单元是浦肯野细胞，这种脑细胞分布于整个小脑皮层。人类的小脑不仅用于运动控制，而且能够处理来自前额叶的更加抽象的信息（Ramnani，2006）。小脑和大脑—小脑网络是复杂顺序的控制、组织和理解系统（包括语言控制）的重要组成部分（Barton，2012）。在学习达到一定熟练程度后，任务由自动执行的系统控制，这时脑的控制从大脑转向小脑，前额叶的活动应该是减弱的。这得到了证实：在一系列的运动学习（如运动顺序的学习）后，研究者们发现了前额叶活动减弱（Passingham，1996；Ramnani et al.，2001；Jueptner，et al.，1997）。小脑与脑干相连，脑干也与注意和意识相关。

第六，尾状核在语言的监管和控制方面起作用（Crinion，2006），双模式（汉语—手语）语言者比单语者（汉语）在尾状核有较多的灰质（Zou，2012）。语言转换激活左额中回（Wang，2009；Luk，2012）和双侧尾状核（Luk，2012）。

总地来说，这些额外的激活脑区似乎都和认知控制有关系。也就是说，较迟习得普通话的被试与较早习得普通话的被试相比，使用粤语时需要额外的脑区管理冲突，他们采取了较多的皮层—丘脑—皮层回路，也较多地使用楔叶、尾状核、舌回、顶叶、小脑以及脑干进行语言的执行控制。

相比较而言，早期双言者对两种语言的控制是由辅助运动区和小脑完成的（见前文实验一的讨论）。我们似乎可以推论，早期被试的认知控制机制似乎更有效率。他们用较少的脑区激活完成了与较迟双言者同样的语言抑制任务。双语者比单语者在执行控制方面有更好的表现（Bialystok et al.，2004；Adesope，et al.，2010；Salvatierra et al.，2010；Hilchey，et al.，2011）也支持了这一结果。在执行与认知控制相关的任务时，双语者也比单语者有优势（Bialystok and Shapero，2005；Carlson and Meltzoff，2008；Bialystok and DePape，2009；Kaushanskaya and Marian，2009；Waldie et al.，

2009；Ye and Zhou，2009）。

另外，我们也对实验四当中的三组被试进行了静息态的分析，发现7岁组的效率确实最低。Tao（2011）亦报告了不仅双语者比单语者有更加有效的执行回路，而且早期双语者比后期双语者有更好的控制处理。

相当多的研究成果和我们的研究结论一致：张金香（2011）运用事件相关电位（ERP）和标准低分辨率电磁断层成像（LORETA）研究汉—英双语者（英语习得年龄为11.4岁，英语水平为中等），发现被试在使用两种语言的控制机制时，在顶叶的楔前叶、枕叶的楔叶、楔前叶存在显著差异，汉语大于英语。该研究中的被试为较迟双语者，他们较多地采用楔叶控制第一语言，我们的7岁组被试的粤语比普通话也较多地激活了枕叶和顶叶区的楔叶和楔前叶。

通过研究在皮层下纹状体内囊区损伤的失语症病人（三个病例，二语学习起始年龄：2岁、8岁、10岁），Azarpazhooh等（2010）提出一语比二语有更多的皮层下的表征，较迟的二语学习起始年龄可能使被试的一语有更多的皮层下的表征。我们的结论完全验证了这一点：与0岁组和3岁组相比，7岁组被试使用粤语时有较多的皮层下的激活。

Wang（2011）用脑磁图分析发现，普通话—英语双语者（英语习得年龄9—10岁）处理普通话时比处理英语时在右脑下顶叶，包括缘上回（BA40）和角回（BA39）处有较多的Beta频带能量。我们的7岁组被试处理普通话比处理粤语，在下顶叶（BA40）也有较大激活，不同的是激活的是左下顶叶。

Bradley等（2013）研究了成年英语单语者和早期顺序西班牙语—英语双语者（英语习得年龄4.55岁，SD = 1.22）在新学词汇的最初阶段的认知控制机制。在暴露于新的德语词汇 2 小时之后的词汇—语义任务中，单语者较双语者激活了较多的认知控制区，包括辅助运动区、前扣带回、额叶背外侧和尾状核。双语者较单语者在壳核有额外的激活。Bradley 等认为，在新学词语的最初阶段，双语者和单语者有不同的认知控制的神经机制。我们认为，这证明了从来没有学习二语经验的单语者，比 4 岁半左右开始学习二语的双语者，使用更多的脑资源处理语言。这和我们较迟习得普通话的被试采用较多的脑区处理粤语是类似的，进一步证实了学习二语/普通话的经验直接影响脑的语言机制。

Mayberry 等（2011）也证实了语言习得年龄与脑处理语言的模式相关。他们发现，二语学习起始年龄与前语言区脑激活负相关，与后视区（中枕叶、舌回 BA17、18、19）的脑激活正相关。即早期习得手语的被试的激活模式位于左侧化的前脑背侧，更接近于母语使用者；随着习得年龄的增长，前部脑区的活动减弱；即使这种手语已被使用了近 20 年，较早和较迟习得手语者的大脑仍然以不同的机制处理手语。我们的结论和 Mayberry 等的研究结论吻合。我们实验中较迟习得普通话的被试确实在枕叶、舌回处有较多激活。另外，3 岁组和 0 岁组的脑机制较为接近。

Abutalebi 等（2012）比较了早期双语者（从幼儿园时期习得二语）与单语者在语言/认知冲突控制中的大脑表征的异同，发现双语者有较好的冲突控制表现，然而在扣带回前部比单语者有较小的激活，因此，Abutalebi 等认为，双语者可以更有效地解决认知冲突。这和我们实验的结论是类似的。

研究者们提出了几个模型解释二语学习起始年龄怎样影响二语脑表征。第一种模型是感觉运动/突生进化（sensorimotor/emergentist，即 S/E）模型（Hernandez，Li，& MacWhinney，2005；

MacWhinney, 2004)。早期所学语言主要依赖于感觉运动脑区的分析以及主管发音的脑区；而后期所学语言主要依赖于语义和管理认知的处理（Hernandez, Hoffman, & Kotz, 2007)。大脑在出生后数年内迅猛发展，最终失去了额叶与基底节之间回路的可塑性，这种可塑性的失去使得脑以更加依赖于管理与元语言机制的不同的神经模式处理较迟习得的语言（Bates, 1999；Hensch, 2004；Pickett, Kuniholm, Protopapas, Friedman, & Lieberman, 1998)。第二种是认知控制模型。Ullman（2001, 2004）提出了陈述式/程序式模型，他认为陈述性（显性教授）和程序性（隐性习得）知识是由不同的神经系统处理的，Broca 区和基底神经节处理陈述性知识，而左颞区负责程序性知识的处理。二语习得者，尤其是较迟的二语习得者，处理语法时较大程度地依赖于"陈述性"处理，因此，脑会在与"陈述性"记忆处理相关的脑区有更大的激活。随着熟练度的提高，对于二语习得者，尤其是早期二语习得者，将逐渐开始依赖"程序性"记忆，一些研究证实了这个模型（Ullman, 2001b; 2005)。

我们的实验结果显示，普通话起始学习年龄主要影响粤语的脑表征，越早习得普通话，粤语与普通话的脑表征越趋同。随着普通话起始学习年龄的推迟，后期双言者采取了额外的认知控制机制，较多采用皮层—丘脑—皮层回路，也较多地使用楔叶、尾状核、舌回、顶叶、小脑以及脑干进行粤语的执行控制。

第三节　实验四

一、被试

与实验三相同。

二、图像采集

使用 1.5 TPhilips 磁共振成像系统进行扫描。结构像的扫描参数：TR = 9.6 ms，TE = 3.8 ms，FA = 8°，矩阵为 288 × 288，FOV = 256 mm^2，层厚 = 1 mm，176 层。

三、数据处理

使用 SPM8 中的 DARTEL 分析 3D 结构像(http://www.il.ion.ucl.ac.uk/spm)。第一，使用“新分割”把图像分割为灰质、白质、脑脊液。第二，使用 DARTEL 对整个数据集合进行处理，得到灰质模板。第三，经过初步仿射配准，把灰质模板配准到 MNI 空间中的组织概率图上，再把灰质图像配准到灰质模板上。第四，对图像进行调制，以确保经过空间标准化后灰质的体积得到保护。第五，使用 8mm 的平滑核对调制后的灰质图像进行平滑。

四、统计分析

使用一般线性模型对灰质图像进行统计分析，控制年龄，性别和大脑体积的影响。首先使用单因素方差分析确定年龄组的主效应，然后使用双样本 t 检验在主效应显著区上进行事后检验：（1）0 岁组比 3 岁组；（2）0 岁组比 7 岁组；（3）3 岁组比 7 岁组。为避免不同组织类型间的边界效应，排除灰质概率低于0.1的体素。最后，采用$P<0.005$以及100个体素的阈限确定显著区域。

五、结果

在全脑水平上，单因素方差分析得到年龄组的主效应，阈限以上的区域位于双侧尾状核、丘脑，左侧小脑、左侧额叶和右侧顶叶。然后进行双样本t检验以确定大脑灰质的变化。结果见表4-4，图4-6、图4-7、图4-8。

（1）0岁组与3岁组相比：3岁组在双侧丘脑的灰质密度大于0岁组。

（2）0岁组与7岁组相比：7岁组在双侧尾状核、丘脑和左小脑的灰质密度大于0岁组。0岁组在左侧额叶中央前回的灰质密度大于7岁组。

（3）3岁组与7岁组相比：7岁组在双侧尾状核，左侧小脑右侧顶上回的灰质密度大于3岁组。3岁组在左侧额叶中央前回的灰质密度大于7岁组。

六、讨论

VBM结果显示，三个组各组的脑结构存在差异：早期组在中央前回的灰质密度大于后期组（0岁组>7岁组；3岁组>7岁组）；后期组在某些皮层下的结构以及某些大脑皮层区域的灰质密度大于早期组：7岁组在双侧尾状核、丘脑和左侧小脑的灰质密度大于0岁组；7岁组在双侧尾状核，左侧小脑和右侧顶上回的灰质密度大于3岁组；3岁组在双侧丘脑的灰质密度大于0岁组。实验四的部分结果和实验三的部分结果可以相互验证，比如，7岁组在尾状核、丘脑、顶叶、小脑某些区域上均有较大的灰质密度，相应地，他们在功能成像的研究中，在这些脑区也有额外的激活。

研究证实，人类出生后的前两年，额叶和顶叶的灰质密度是增加的，而从儿童期开始，额叶和顶叶的灰质密度减少。Gilmore（2012）扫描了 72 个 1—2 岁的孩子，发现第一年脑皮层的灰质增加了 106%，而第二年只增加了 18%。各个脑区的发育速度不一，第一年，主要运动区和感觉区发育得较慢；第二年，主要感觉区依然生长得慢，而额叶和顶叶发育得相对较快。海马回比其他皮层下结构，如丘脑和杏仁体要发育得慢。Sowell 等（2004）对 45 名儿童（5—11 岁）进行了两次脑结构的扫描（相隔两年），结果显示，脑的生长主要发生在额叶和枕叶，灰质密度的减少主要发生在右额叶和双边的顶枕叶，而 Broca 区和 Wernicke 区的灰质密度是增加的；认知能力的变化与左脑的灰质厚度相关。Sowell 等（2001d）研究了 14 名儿童（7—11 岁）、11 名青少年（12—16 岁）和 10 名青年（23—30 岁）的脑结构后，发现持续的脑生长主要发生在双边额叶的背外侧和双边颞枕部交接处的后部，然而，这些区域的灰质密度是持续减少的。这说明脑的生长和衰退可能是同时进行的。青少年与儿童相比，背顶叶和一些额叶的灰质密度是减少的（Sowell et al.，1999b）。在青少年后期，额叶和纹状体的灰质密度加速减少，而顶叶的灰质密度维持不变（Sowell et al.，1999a）。

表 4-4　VBM 方法对三组被试灰质密度的差异进行单因素方差分析

脑区	MNI 坐标			Z 分数	簇（k）
	X	Y	Z		
（1）全脑单因素方差分析：主效应 $P<0.005$，未校正，$k=100$					
双侧尾状核、丘脑	-8	2	3	4.76	1480
	8	3	6	3.96	
	-3	9	0	3.74	
左侧小脑	-20	-45	-63	3.68	655
	-17	-39	-56	3.51	
左侧中央前回	-60	2	14	3.27	143
右侧顶上回	20	-62	62	4.10	111
	18	-68	56	3.02	
（2）事后检验：$P<0.005$，未校正，$k=100$					
0 岁组 < 3 岁组					
双侧丘脑	-6	-6	5	3.60	249
	5	-6	3	3.33	
3 岁组 < 7 岁组					
双侧尾状核、丘脑	-8	2	3	5.19	1474
	8	3	6	4.41	
	-3	9	0	4.27	
左侧小脑	-20	-45	-63	4.20	651
	-18	-39	-57	3.66	
	-15	-48	-54	3.52	
3 岁组 < 7 岁组					
双侧尾状核	6	11	-2	3.67	828
	-8	2	3	3.65	
	6	23	2	3.42	
左侧小脑	-17	-41	-54	3.88	453
右侧顶上回	18	-62	62	4.53	110
	18	-68	56	3.32	
0 岁组 > 7 岁组					
左侧中央前回	-62	2	14	3.76	143
3 岁组 >7 岁组					
左侧中央前回	-57	3	14	2.94	114

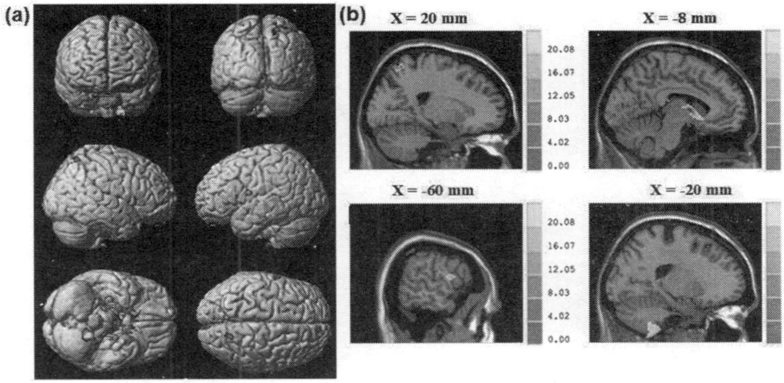

图 4－6　使用单因素方差分析，对三组被试之间灰质密度的差异进行分析。(a) 差异显著区在全脑的渲染图；(b) 显著区分别呈现右侧顶上回（x = 20 mm），双侧尾状核（x = －8 mm），左侧中央前回（x = －60 mm），左侧小脑（x = －20 mm）。色带代表方差分析的 F 值。

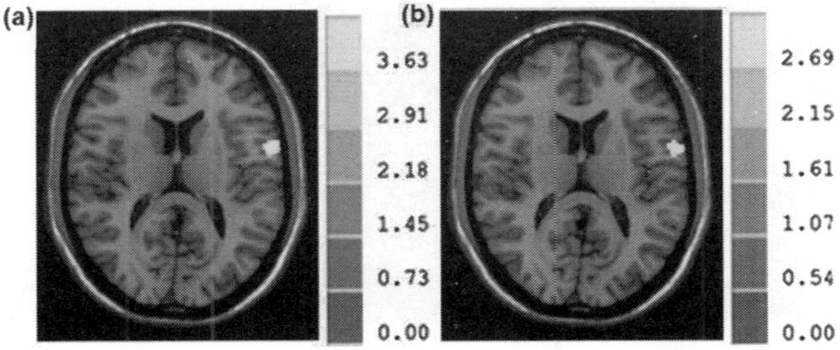

图 4－7　事后检验得到的显著脑区。(a) 0 岁组大于 7 岁组：左侧中央前回；(b) 3 岁组大于 7 岁组：左侧中央前回。色带代表两组比较的 t 值。

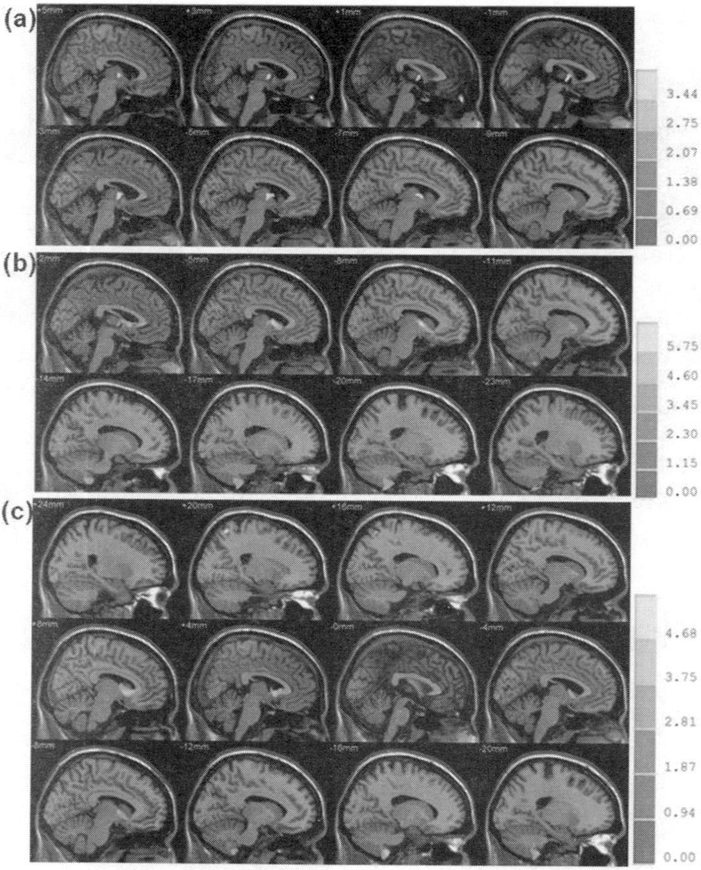

图 4-8　事后检验得到的显著脑区。（a）0 岁组小于 3 岁组：双侧尾状核、丘脑；（b）0 岁组小于 7 岁组：双侧尾状核、丘脑，左侧小脑；（c）3 岁组小于 7 岁组：双侧尾状核，左侧小脑，右侧顶上回。色带代表两组比较的 t 值。

这可能能够解释粤语—普通话早期与后期双言者脑结构差异的原因：在大脑的发育过程中，额叶和顶叶的灰质先增加后减少。Mechelli 等（2004）就发现二语学习起始年龄与左下顶叶灰质密度负相关，即习得年龄越迟，该区域的灰质密度越低。我们的研究结果也证实了这一点：0 岁组和 3 岁组的左侧额叶中央前回的灰质密度均大于 7 岁组，也就是说，习得普通话较早的被试在额叶上有较多的灰质密度。双边额叶背侧主要负责冲突的管理（Sohn et al.，2007）；下顶叶皮层亦是语言认知控制的脑区之一（Abutalebi 和 Green，2007）。我们认为，粤语—普通话双言的婴儿或年龄较小的儿童由于使用双言，需要更多的认知控制和冲突管理功能，要占用更多额叶的神经资源，使其在额叶的灰质密度较单语的婴儿或儿童有较小的减少，因而成年后，早期习得普通话者有较多的额叶的灰质密度。

研究表明，与执行功能相关的脑结构包括额叶—纹状体环路和小脑等。额叶—纹状体环路包括背外侧前额叶、眶额叶、前扣带回和基底神经节等。背外侧额叶的功能主要在于注意、计划等（Bradshaw，2000）。我们推测，当年龄较大的单语儿童开始学习第二语言时，较少的额叶灰质密度使得他们转而增加使用额叶—丘脑—基底节回路或使用其他认知控制的脑组织，如小脑等。

尾状核在语言的监管和控制方面起作用（Crinion et al.，2006），双模式（汉语—手语）语言者比单语者（汉语）在尾状核有较多的灰质（Zou et al.，2012）。语言转换激活左额中回（Wang et al.，2009；Luk et al.，2012）和双侧尾状核（Luk et al.，2012）。

因此，我们认为有较少额叶灰质的较迟普通话习得者可能较多地使用尾状核和小脑弥补额叶灰质的损失，从而采用不同于早期双语者的语言控制处理模式。

成人学习简单的运动或认知技能会造成脑的白质或灰质的改变（Bodammer et al.，2010；Taubert et al.，2010；Scholz et al.，2009；Draganski et al.，2004）。一些研究证实，灰质的量和脑的功能直接相关（Maguire et al.，2000；Gaser and Schlaug，2003；Mechelli et al.，2004）。训练能够增加灰质的厚度，比如，3 个月的杂耍训练（Draganski et al.，2004）、3 个月的密集学习（Draganski et al.，2006）都引起了特定脑区的灰质的厚度增多。Ilg 等（2008）研究了灰质量变化与脑活动变化的关系，持续 2 个星期每天 15 分钟的镜像阅读的训练造成了右上顶叶的激活减少以及右枕叶背侧的激活增加，同时伴随着右枕叶背外侧的灰质量的增加。我们实验结论中的粤—普后期双言者有较多的皮层下结构和某些脑区的灰质密度，可能正是由于他们对这些结构的长期使用造成的。

总之，儿童的脑在生长过程中，额叶的灰质不断减少，从出生后就开始同时习得两种语言的儿童，由于需要对两种语言经常进行切换和控制，使其额叶（在语言的控制方面起重要作用）的灰质相对于单语儿童减少得要慢。当粤语儿童从 3 岁之后才开始学习普通话/二语时，他们的额叶灰质已有了一定的减少，这样当他们使用普通话时，就不得不采用大脑皮层—丘脑的回路进行有效的控制。这就能够解释为什么 3 岁组被试采用不同的方法处理粤语和普通话。由于在 3 岁之后开始使用普通话，他们的额叶皮层的灰质比更晚开始学习普通话的儿童相对减少得慢。而那些在 7 岁之前一直沉浸在单语环境中的儿童，由于额叶灰质的持续减少，处理粤语时需要的控制已不能由额叶满足，不得不采用皮质—丘脑—皮质回路和楔叶、舌回、顶叶、小脑以及脑干进行语言的执行控制。

第四节　小结

实验三考察语言习得年龄对语言神经表征的影响。我们选取了三组高度熟练的粤—普双言者，他们具有可比的粤语和普通话熟练程度、相同的粤语与普通话使用情况（约各 50%），以普通话起始学习年龄（0 岁、3 岁、7 岁）为变量分为三组。实验范式与实验一相同。实验结果显示，后期双言者与早期双言者具有不同的语言神经机制。7 岁组比 0 岁组和 3 岁组使用粤语时在楔叶、丘脑、尾状核有更大激活，7 岁组的粤语比普通话在右侧楔叶（BA17）、舌回（BA18）、左侧下顶叶（BA40）、右侧中央前回（BA9），以及脑干和小脑前叶有更大激活。这些脑区均与语言的控制相关。因此，我们认为，习得普通话的年龄对粤—普双言者采用什么样的方式控制语言有重要影响：早期双言者比后期双言者使用较少的大脑皮层或皮层下结构更有效地进行语言抑制。

为进一步找出语言习得年龄对语言脑表征有影响的原因，我们进行了实验四：对实验三中的三组被试的脑结构进行了扫描。结果发现，0 岁组在双侧尾状核和丘脑的灰质密度小于 3 岁组；0 岁组在双侧尾状核、丘脑，左侧小脑、扣带回前部的灰质密度小于 7 岁组；3 岁组在双侧尾状核，左侧小脑，扣带回前部、右侧顶上回的灰质密度小于 7 岁组；而 0 岁组和 3 岁组在左侧额叶中央前回的灰质密度均大于 7 岁组。后期双言者某些脑区和皮层下结构的较多灰质以及早期双言者在额叶的较多灰质部分程度上支持了实验三的结果。进一步分析发现，人类从儿童早期开始，额叶的灰质就处于持续减少的状态，因此，我们设想，可能是由于早期粤—普双言儿童需要控制双言以及经常对双言进行切换，使其在额叶上保留了较多的灰质，而后期双言的儿童由于额叶灰质的减少，使用了更多的其他与语言控制相关的脑结构，如尾状核、丘脑，小脑、扣带回等，长期的使用使这些脑结构的灰质密度增加。

第五章　结　语

第一节　主要发现和应用价值

一、主要发现

通过考察相关文献，我们归纳出影响人脑语言表征的主要因素有语言熟练度、二语学习起始年龄、语言暴露程度、两种语言的相似性和实验任务。然而，我们认为，这些文献没有对这些影响因素，特别是语言暴露程度，给予有效的控制，造成了模糊而相互矛盾的结论。虽然有两篇文献提出语言暴露程度对语言脑表征有影响，但尚无文献专门针对语言暴露程度对语言脑表征的影响进行考察。在研究二语学习起始年龄是否影响语言脑表征的文献中，尚无文献很好地控制双语/多语的语言暴露程度。因此，我们以粤—普双言者为研究对象，设计了四个实验，分别考察双言的暴露程度与普通话起始学习年龄对被试的语言脑表征和脑结构的影响，有如下主要发现：

1. 至少在以图片为提示对昨天某个特定时段所发生的事情不出声地“描述”的实验范式中，粤语与普通话激活的脑区与其他语言（主要是欧洲语言）所激活的脑区相似，共同激活了 Broca 区（BA44、BA45）、双边视觉区（BA17、BA18）、双边舌回（BA30）、双边楔前叶（BA7）、右侧小脑后叶、左侧中央前回（BA6）、左侧辅助运动区（BA6）。这说明在这种实验范式下，脑以相似的神经机制处理汉语和其他语言。

2. 短期改变（为期 30 天）的语言暴露程度引起了高熟练度粤—普双言者 0 岁组被试的相应的、迅速的脑活动的变化。这种变化没有发生在 Broca 区和 Wernicke 区，而是发生在左侧辅助运动区（BA6），左侧额中回（BA8、BA9、BA10），左侧额下回（BA11、BA47），右侧扣带回（BA23、BA24、BA31、BA32）和右侧顶叶（BA39），这些脑区大多与认知控制相关。也就是说，被试较少地使用普通话一段时间后，再使用普通话时脑需要更多的认知控制。因此，至少对于高熟练度同时粤—普双言者来说，在以图片为提示对昨天某个特定时段所发生的事情不出声地“描述”的实验范式中，语言暴露程度是影响语言脑表征的一个重要的、灵敏的因素。

3. 短期改变（为期 30 天）的语言暴露程度没有造成高熟练度粤—普双言者 0 岁组被试的脑结构的改变。许多研究报告短期训练可以改变脑结构，但语言暴露程度的改变并不同于短期训练，短期训练是由不会至会的过程，而我们的被试已使用粤语和普通话超过 15 年，且对粤语和普通话长期交替地使用。这决定了至少对于高熟练度平衡双言者来说，在不同的语言环境下，被试有着相对稳定的脑结构。

4. 至少对于高熟练度粤—普双言者来说，在以图片为提示对昨天某个特定时段所发生的事情不出声地“描述”的实验范式中，普通话起始学习年龄是影响语言脑表征的一个重要的影响因素。7 岁组被试比 0 岁组被试和 3 岁组被试使用粤语时在楔叶、丘脑、尾状核、小脑有更大激活，7 岁组的粤语比普通话在右侧楔叶（BA17）、舌回（BA18）、左侧顶下小叶（BA40）、右侧中央前回（BA9）以及脑干和小脑前叶有更大激活。这些脑区均与语言的控制相关，早期双言者比后期双言者能够使用较少的大脑皮层或皮层下结构进行更有效的语言控制。

5. 至少对于高熟练度粤—普双言者来说，普通话起始学习年龄的不同影响被试的脑结构。0 岁组在双侧尾状核和丘脑的灰质密度小于 3 岁组；0 岁组在双侧尾状核、丘脑，左侧小脑、扣带回前部的灰质密度小于 7 岁组；3 岁组在双侧尾状核，左侧小脑，扣带回前部、右侧顶上回的灰质密度小于 7 岁组；而 0 岁组和 3 岁组在左侧额叶中央前回的灰质密度均大于 7 岁组。

总之，本文的四个实验证明了语言暴露程度和普通话起始学习年龄是高熟练度粤—普双言者脑表征的非常重要的影响因素，两者对语言脑表征的影响主要在语言控制方面，且普通话起始学习年龄影响高熟练度粤—普双言者的脑结构。人类的大脑曾被认为是一个相对稳定的器官，然而，现在人们已证实，大脑的功能和结构是随着环境的改变而持续变化的，是具有可塑性的，人生早期的和后期的类似经验对大脑的影响并不相同。我们的实验证实了至少对于高熟练度粤—普双言者，他们的大脑对语言的处理是动态的、是随着语言环境的变化而不断变化的，语言习得经历的不同影响大脑的结构，并促使它以不同的方式处理语言。

二、本研究的应用价值

儿童是否应在较小的年龄学习二语，这是一个争论不休的问题。早在 1992 年，桂诗春就质疑外语是否要从小学起。我们的研究结论证实，早期粤—普双言者（即从出生后就生活在两种语言环境下）与后期双言者相比，具有更加高效的语言控制机制，然而，对语言的生成（Broca 区的激活）本身并没有影响。这似乎能够解释为什么并不存在一个所谓“关键期”的、突然的语言水平的转变（Hakuta et al.，2003），亦可解释有些人从“关键期”之后开始学习二语也能达到与母语者相同的水平。当然，较早的习得双言使双言者的大脑有较好的执行与认知控制能力，能更有效地解决冲突管理。从这方面来说，早期的双言教育能让儿童的大脑有较好的执行功能，值得提倡。

我们还证实了语言的环境（即语言暴露程度）是至关重要的影响脑处理语言的因素，所以在二语的教学当中，我们应创造尽可能多的语言环境，使语言学习者“沉浸”在所学习的语言中，更快地由“控制”转向“自动”地处理语言，使新学习的语言的脑表征逐渐接近母语的脑表征。

第二节 主要不足与拓展空间

本文是一个探索性的研究，还有一些不足和很大的拓展空间，主要表现在以下几个方面：

第一，我们对双言的研究成果很大程度上能够得到双语研究成果的印证，一方面说明，将双言的脑表征研究建立在双语研究的基础之上是完全可行的；另一方面说明，双言研究的结果可以为双语研究所借鉴。然而，我们毕竟研究的是粤语和普通话，虽然粤语和普通话在口语层面上差异很大，但是两者的文字系统是一致的，且两者语音的差异多数有一一对应的关系。从整个人类语言的体系来看，它们是近似的。因此，我们的研究结论能否应用于其他不相似的语言则有待检验。相同的文字系统和对应的语音差异是否会影响双言者的脑表征也是需要验证的一个问题。

第二，如前所述，实验任务也是影响语言脑表征的因素之一。我们采用的回忆法，虽然比较接近自然语言的使用，但不能测试听力，也不能将语法和词汇分开考察。另外，默想与我们日常的语言交流是有区别的。而且在实验过程中对被试的控制弱于其他的事件相关的实验范式。一是因为没有行为数据可以记录，我们不能很好地控制被试的合作程度；二是我们不能肯定被试在叙述时是否带有情绪，情绪亦会影响被试的脑表征。当然，我们在扫描前对被试提的要求以及扫描结束后被试将刚才扫描时所叙记录下来，做到了一定程度上控制。因此，在今后的研究中，可以采取其他的实验范式，比如让被试听故事或采用语义、语法违背的实验范式等，以从语言的各方面考察语言脑表征的影响因素。

第三是有关统计技术方面的问题。实验一中相同的被试接受了两次完成相同任务的扫描。我们需考虑被试内变化的影响。基于任务的 fMRI 的重复实验的可靠性并不高。Tjandra 等（2005）使用被试手指轻弹的模式对被试进行了三次重复扫描，发现被试内在主运动区有 20% 的变化率，在主感觉区有 30% 的变化率。然而，这些变化率可能来自某些被试较低的激活。也就是说，如果某些被试在重复扫描中的变化较大的话，将显著增加被试内变异系数（CVw）的值。Zandbelt 等（2008）重复三次对 10 名被试进行了 fMRI 扫描，每次扫描时间间隔一个星期，实验任务为同样的运动任务，结果显示，三次扫描比较，被试的任务表现、脑激活模式以及血液信号变化基本稳定，但是，被试的个体激活水平波动很大（超过组平均激活水平的 50%）。因此，如何控制被试内变化对于 fMRI 实验的成功非常重要。Zandbelt 等指出，在单次实验中，10—20 个的被试数量够了，但在多次重复实验中，fMRI 信号的变化既来自多次实验间的变化，也来自实验内的变化，因此，10—20 个被试的数量可能不够。有几项措施可以帮助尽量减小被试的数量：（1）加大实验条件与控制条件的不同；（2）基于兴趣区的分析可将要求的被试数量减小 3—4 倍。实验一由于各种客观原因，比如语言熟练度、普通话起始学习年龄、语言使用情况等需要符合要求，结果从500名被试中最终选到了10名被试参加实验。由于被试人数偏少，因此，实验结果还有待将来的研究进一步验证。

第四，各不同年龄组的语言习得方式有差异。7岁组被试的普通话的习得方式与0岁组和3岁组被试有差异：0岁组和3岁组被试大体上是先学习普通话口语后学习普通话书面语的，而7岁组多数情况下可能是通过书面语学习普通话的。这种语言习得方式的差异是否是影响语言脑表征的因素之一尚需验证。

第五，实验四的结果和实验三的结果不能完全相互验证，比如7岁组在功能成像中，在楔叶、楔前叶、脑干这些脑区有额外的激活，但这些区域上没有相应的较大的灰质密度。早期组比后期组在额叶有较多灰质，然而被试完成语言任务时并没有较多的脑激活。当然，相当多的研究证实，灰质密度与激活程度并无一一对应的关系。然而，若它们一一对应的话，本文对普通话起始学习年龄产生影响的内在机制的解释将更合理。

第六，所有被试均采用相同的脑机制处理普通话，这和目前的一些研究结论相悖。这是如何以及为什么发生的，亦是本研究可继续拓展的一个大的问题。

参考文献

［1］陈学志，周连军，杨倩，等. 熟练蒙汉双语者语义加工脑机制的 fMRI 分析［J］. 中国医学影像技术，2012，28（8）：1475－1478.

［2］戴庆厦. 粤语在汉藏语研究中的地位和作用［J］. 广东民族学院学报，1991，2：22－28.

［3］邓园，丁国盛，彭聃龄. 左侧前额叶语言加工功能研究综述［J］. 心理科学，2003，26（4）：687－689.

［4］董奇，薛贵，金真，曾亚伟. 语言经验对大脑激活的影响：来自第二语言初学者的证据［J］. 心理学报，2004，36（4）：448－454.

［5］范琳，刘振前. 右脑语言功能研究的进展［J］. 当代语言学，2012，14（3）：272－285.

［6］方卓，王伟，熊小双，肖壮伟，张学新. 新颖词汇学习中大脑激活模式的 fMRI 研究［J］. 心理学探新，2010，30（2）：41－47.

［7］冯燕韻，黄飚，高明勇，等. 语义、语法任务相关的脑功能磁共振成像. 中国医学影像技术，2012，28（5）：865－868.

［8］高兵，曹晖，曹聘. 句法加工的脑机制［J］. 心理科学进展，2006，14（1）：32－39.

［9］桂诗春. “外语要从小学起”质疑［J］. 外语教学与研究，1992，92（4）：52－54.

［10］詹伯慧，甘甲才. 粤语［M］//候精一. 现代汉语方言

概论. 上海：上海教育出版社，2002.

［11］胡笑羽，白学军. 双语控制的神经基础及其对第二语言教学的启示［J］. 心理与行为研究，2008，6（1）：70－74.

［12］金花，刘鹤龄，杨娅玲，莫雷. 语义知识神经表征的fMRI研究：通道特异性或类别特异性？［J］. 心理学报，2005，37（2）：159－166.

［13］李锦芳. 论壮侗语对粤语的影响［J］. 贵州民族研究，1990，44（4）：60－65.

［14］李敬忠. 粤语是汉语族群中的独立语言［J］. 学术论坛，1990，76（1）：54－62.

［15］李勇，谢鹏，吕发金，等. 汉英双语者双语脑激活模式fMRI研究［J］. 山西医科大学学报，2006，37（3）：235－239.

［16］梁丹丹，杨亦鸣，封世文，李建策. 汉语名、动、形充当名词修饰语的fMRI研究［J］. 语言文字应用，2006，4：88－94.

［17］刘文宇，王慧莉，冯洪波，隋丹妮，唐一源. 汉字数词和数字脑加工差异的功能磁共成像研究［J］. 现代生物学进展，2009，9（3）：533－535.

［18］卢洁，李坤成，杨延辉，王晓怡，舒华，董奇. 汉字语义辨别任务的功能磁共振成像研究［J］. 医学影像学杂志，2007，17（4）：337－339.

［19］马恒芬，刘桂华，李恩中. 语言文字加工神经机制的fMRI研究进展［J］. 中国生物医学工程学报，2008，27（6）：922－925.

［20］祁志强，丁国盛，彭聃龄. 双语者代码切换的认知与神经机制——从行为研究到脑成像研究［J］. 应用心理学，2006，12（3）：280－284.

［21］饶秉才，欧阳觉亚，周无忌. 广州话方言词典［M］. 香港：商务印书馆香港分馆，1981.

［22］汤慈美. 神经心理学［M］. 北京：人民卫生出版社，2002.

［23］王云玲，贾琳，汤伟军，王红，王皓，贾文霄. 多语种者脑语言活动区的功能磁共振成像研究［J］. 临床放射学杂志，2012，31（3），321－325.

［24］杨亦鸣，梁丹丹，顾介鑫，翁旭初，封世文. 名动分类：语法的还是语义的——汉语名动分类的神经语言学研究［J］. 语言科学，2002，1（1）：31－46.

［25］叶苍岑. 现代汉语常用字表［M］. 北京：北京教育出版社，1987.

［26］曾子凡. 广州话、普通话口语词对译手册［M］. 香港：三联书店（香港）有限公司，1982.

［27］詹伯慧. 现代汉语方言［M］. 湖北：湖北人民出版社，1981.

［28］张惠娟，李恋敬，周晓林. 双语语义表征的脑功能成像研究［J］. 北京大学学报（自然科学版），2003，39（5）：742－748.

［29］张培林. 神经解剖学［M］. 北京：人民卫生出版社，1987.

［30］赵汉青，朱月蓉，程国勤，王安明，封世文. 汉语量词加工的脑功能磁共振研究［J］. 南京医科大学学报，2009，29（6）：848－852.

［31］赵小虎，杨振燕，王培军，王金红，毛新清，高晓龙. 国人英文语言活动区功能磁共振研究［J］. 同济大学学报，2005，

26 (2): 38 -40.

[32] 周雪婷，蔡太生. 句子加工脑机制功能磁共振研究进展 [J]. 中国临床心理学杂志，2009，17 (5): 592 -594.

[33] Abutalebi, F., Keim, R., Brambati, S. M., Tettamanti, M., Cappa, S. F., Bleser, R. D., & Perani, D. (2007a). Late acquisition of literacy in a native language. *Human Brain Mapping*, 28, 19 -33.

[34] Abutalebi, J., Brambati, S. M., Annoni, J. M., Moro, A., Cappa, S. F., & Perani, D. (2007b). The neural cost of the auditory perception of language switches : an event-related fMRI study. *Cerebral Cortex*, 18, 1496 -1505.

[35] Abutalebi, J., & Green, D. W. (2007). Bilingual language production: The neurocognition of language representation and control. *Journal of Neurolinguistics*, 20, 242 -275.

[36] Abutalebi, J., & Green, D. W. (2008a). Control mechanisms in bilingual language production: Neural evidence from language switching studies. *Language and Cognitive Processes*, 23 (4), 557 -582.

[37] Abutalebi, J. et al. (2008b) Language control and lexical competition in bilinguals: an event-related fMRI study. *Cerebral Cortex*, 18, 1496 -1505.

[38] Abutalebi, J., Tettamanti, M. & Perani, D. (2009). The bilingual brain : Linuistic and non-linguistic skills. *Brain and Language*, 109, 51 -54.

[39] Abutalebi, J., Rosa, P. A. D., Green, D. W., Hernandez, M., Scifo, P., Keim, R., Cappa, S. F., Costa, A.

(2012). Bilingulism tunes the anterior cingulate cortex for conflict monitoring. *Cerebral Cortex*, 22, 2076 - 2086.

[40] Ackermann, H., Hertrich, I. (2000). The contribution of the cerebellum to speech processing. *Journal of Neurolinguistics*, 13 (2/3), 95 - 116.

[41] Adesope, O. O. et al. (2010) A systematic review and meta-analysis of the cognitive correlates of bilingualism. *Educational Research Review*, 80, 207 - 245.

[42] Anderson, J. R., Qin, Y., Sohn, M-H., Stenger, V. A., Carter, C. S. (2003). An information-processing model of the BOLD response in symbol manipulation tasks. *Psychonomic Bulletin and Review*, 10 (2), 241 - 261.

[43] Azarpahooh, M. R., Jahangiri, N., Ghaleh, M. (2010). Subcortical organization of languages in bilingual brain. Journal of Neurolinguistics, 23, 531 - 539.

[44] Bates, E. (1999). Plasticity, localization and language development. In S. Broman & J. M. Fletcher (Eds.), *The changing nervous system: Neurobehavioral consequences of early brain disorders* (pp. 214 - 253). New York: Oxford University Press.

[45] Besson, M., Chobert, J., Marie, C. (2011). Language and music in the musician brain. *Language and Linguistics Compass*, 5, 617 - 634.

[46] Bialystok, E. et al. (2004). Bilingualism, aging, and cognitive control: evidence from the Simon task. *Psychology and Aging*, 19 (2), 290 - 303.

[47] Bialystok, E., Shapero, D., (2005). Ambiguous benefits:

the effect of bilingualism on reversing ambiguous figures. *Developmental Science*, 8 (6), 595 –604.

[48] Bialystok, E., DePape, A., (2009). Musical expertise, bilingualism, and executive functioning. *Journal of Experimental Psychology*, 35 (2), 565 –574.

[49] Bloch, C., Kaiser, A., Kuenzli, E., Zappatore, D., et al. (2009). The age of second language acquisition determines the variability in activation elicited by narration in three languages in Broca's and Wernicke's area. *Neuropsychologia*, 47, 625 –633.

[50] Bogousslavsky, J., Miklossy, J., Deruaz, J. P., Assal. G., Regli, F. (1987). Lingual and fusiform gyri in visual processing: a clinico-pathologic study of superior altitudinal hemianopia. *Journal of Neurology, Neurosurgery and Psychiatry*, 50 (5). 607 –614.

[51] Boruchow, I. B., Hutchins, G. M. (1991). Delayed death from aortic root trauma. *The Annals of Thoracic Surgery*, 51 (2): 317 –319.

[52] Botvinick, M., Nystrom, L. E., Fissell, K., Carter, C. S., Cohen, J. D. (1999). Conflict monitoring versus selection-for-action in anterior cingulate cortex. *Nature*, 402: 179 –181.

[53] Bradshaw, J. L., Sheppard, D. M. (2000). The neurodevelopmental frontostriatal disorders: evolutionary adaptiveness and anomalous ateralization. *Brain and Language*, 73, 297 –320.

[54] Briellmann, R. S., Saling, M. M., Connell, A. B., Waites, A. B., Abbott, D. F. & Jackson, G. D. (2004). A high-field functional MRI study of quadri-lingual subjects. *Brain and Language*, 89, 531 –542.

[55] Caplan, D. (2006). Why is Broca's Area Involved in Syntax? *Cortex*, 42 (4), 469 -471.

[56] Carlson, S., Meltzoff, A., (2008). Bilingual experience and executive functioning in young children. *Developmental Science*, 11 (2), 282 -298.

[57] Carter, C. S., Mintun, M., Cohen, J. D (1995). Interference and facilitation effects during selective attention: an H215O PET study of Stroop task performance. *NeuroImage*, 2, 264 -272.

[58] Carter, C. S., Braver, T. S., Barch, D. M., Botvinick, M. M., Noll, D., Cohen, J. D. (1998). Anterior cingulate cortex, error detection, and the online monitoring of performance. *Science*, 280, 747 -749.

[59] Carter, C. S., Macdonald, A. M., Botvinick, M., Ross, L. L., Stenger, V. A., Noll, D., Cohen, J. D. (2000). Parsing executive processes: strategic vs. evaluative functions of the anterior cingulate cortex. *Proceedings of the National Academy of Sciences of the United States of America*, 97, 1944 -1948.

[60] Chan, A. H., Luke, K. K., Li, P. (2008) Neural correlates of nouns and verbs in early bilinguals. *Annals of the New York Academy of Sciences*, 1145: 30 -40.

[61] Chee, M. W. L., Tan, E. W. L. & Thiel, T. (1999a). Mandarin and English single word processing studied with functional magnetic resonance imaging. *The Journal of Neuroscience*, 19, 3050 -3056.

[62] Chee, M. W. L., Caplan, D., Soon, C. S., Sriram, N., Tan, E. W. L., Thiel, T. & Weekes, B. (1999b). Processing

of visually presented sentences in Mandarin adn English studied with fMRI. *Neuron*, 23, 127 – 137.

[63] Chee, M. W., Hon, N., Lee, H. L., & Soon. C. S. (2001). Relative language proficiency modulates BOLD signal change when bilinguals perform semantic judgments. Blood oxygen level dependent. *Neuroimage*, 13, 1155 – 1163.

[64] Chiara, S., Barbara, P., Claudio, V., Alessandro, A. (2010). Cortical reorganization in dyslexic children after phonological training: evidence from early evoked potentials. *Brain: A Journal of Neruology*, 133: 3385 – 3395.

[65] Cho, S., Metcalfe, A. W. S., Young, C. B., Ryali, S., Geary, D. C., & Menon, V. (2012). Hippocampal-Prefrontal Engagement and Dynamic Causal Interactions in the Maturation of Children's Fact Retrieval. *Journal of Cognitive Neuroscience*, 24 (9), 1849 – 1866.

[66] Council of Europe. (2001). Common European Framework of Reference for Languages: Learning, Teaching, Assessment. Cambridge: Cambridge UP. http://www.coe.int/T/DG4/Linguistic/Source/Framework EN. pdf (29. 05. 06)

[67] Crewe, T., Bornkessel, I., Zysset, S., Wiese, R., Yves von Cramon, D., Schlesewksy, M. (2005). The Emergence of the Unmarked: A New Perspective on the Language-Specific Function of Broca's Area. *Human Brain Mapping*, 26 (3): 178 – 190.

[68] Dehaene, S., Dupoux, E., Mehler, J., Cohen, L., Paulesu, E. & Perani, D. (1997). Anatomical variability in the cortical representation of first and second language. *Neuroreport*, 8

(17), 3809 – 3815.

[69] DeKeyser, R. & Larson-Hall, J. (2005). What does the critical period really mean? In J. F. Kroll & A. M. B. De Groot (Eds.), *Handbook of bilingualism* : *Psycholinguistic approches* (pp. 88 – 108). New York : Oxford University Press.

[70] Ding, G., Perry, C., Peng, D. (2003). Neural mechanisms underlying semantic and orthographic processing in Chinese-English bilinguals. *Neuroreport*, 14 (12) : 1557 – 1562.

[71] Dodel, S., Golestani, N., Pallier, C., Elkouby, V., Le Bihan, D. & Poline, J. B. (2005). Condition-dependent functional connectivity : Syntax networks in bilinguals. *Philosophical Translations of the Royal Society of London B*, 360, 921 – 935.

[72] Dorris, M. C., Gilmcher, P. W. (2004). Activity in posterior parietal cortex is correlated with the relative subjective desirability of action. *Neuron*, 44, 365 – 378.

[73] Draganski, B., Gaser, C., Busch, V., Schuierer, G., Bogdahn, U., May, A. (2004). Neuroplasticity: changes in grey matter induced by training. *Nature*, 427, 311 – 312.

[74] Draganski, B., Gaser, C., Kempermann, G., Kuhn, H. G., Winkler, J., Buchel, C., May, A. (2006). Temporal and spatial dynamics of brain structure changes during extensive learning. *Journal of Neuroscience*, 26, 6314 – 6317.

[75] Driemeyer, J., Boyke, J., Gaser, C., Buchel, C., May, A. (2008). Changes in gray matter induced by learning-revisited. *PLoS One*, 3, e2669.

[76] Dronkers, N. F. (1996). A new brain region for coordinating

speech articulation. *Nature*, 384 (14), 159 - 161.

[77] Ellis, A. W., Miller, D., Sin, G. (1983). Wernicke's aphasia and normal language processing: A case study in cognitive neuropsychology. *Cognition*, 15 (1 - 3), 111 - 144.

[78] Fabbro F. (1999). *The neurolinguistics of bilingualism. An introduction*. Hove, East Sussex, UK: Psychology Press.

[79] Fiebach, C. J., Freiderici, A. D., Muller, K., Cramon, D. Y. & Hernandez, A. E. (2003). Distinct brain representations for early and late learned words. *NeuroImage*, 19, 1627 - 1637.

[80] Frenck-Mestre, C., Anton, J. L., Roth, M., Vaid, J. & Viallet, F. (2005). Articulation in early and late bilinguals' two languages: Evidence from functional magnetic resonance imaging. *NeuroReport*, 16, 761 - 765.

[81] Gandour, J., Tong, Y., Talavage, T., Wong, D., Dzemidzic, M., Xu, Y., Li, X. & Lowe, M. (2007). Neural basis of first and second language processing of sentence-level linguistic prosody. *Human Brain Mapping*, 28, 94 - 108.

[82] Garbin, G. et al. (2011). Neural bases of language switching in high and early proficient bilinguals. *Brain and Language*, 119, 129 - 135.

[83] Gaser, C., Schlaug, G. (2003). Brain structures differ between musicians and non-musicians. *Journal of Neuroscience*, 23, 9240 - 9245.

[84] Gilmore, J. H., Shi, F., Woolson, S. L., Knickmeyer, R. C., Short, S. J., Lin, W., Zhu, H., Hamer, R. M., Styner, M Shen, D. (2011). Longitudinal Development of Cortical and

Subcortical Gray Matter from Birth to 2 Years. *Cerebral Cortex* 22, 2478 - 2485.

[85] Golestani, N., Alario, F. X., Meriaux, S., Le Bihan, D., Dehaene, S. & Pallier, C. (2006). Syntax production in bilinguals. *Neuropsychologia*, 44, 1029 - 1040.

[86] Graybiel, A. M. (1997). The basal ganglia and cognitive pattern generators. *Schizophrenia Bulletin*, 23, 459 - 469.

[87] Grabin, G., Costa, A., Sanjunan, A., Forn, C., Rodriguez-Pujadas, A., Ventrua, N., Belloch, V., Hernandez, M., Avila, C. (2011). Neural bases of language switching in high and early proficient bilinguals. *Brain and Language*, 119 (3), 129 - 135.

[88] Guo, T. et al. (2011). Local and global inhibition in bilingual word production: fMRI evidence from Chinese-English bilinguals. *NeuroImage*, 56, 2300 - 2309.

[89] Hakuta, K., Bialystok, E., Wiley, E. (2003). Critical evidence: a test of the critical-period hypothesis for second-language acquisition. *Psychological Science*, 14 (1), 31 - 38.

[90] Haldane, M., Cunningham, G., Androutsos, C., Frangou, S. (2008). Structural brain correlates of response inhibition in Bipolar Disorder. *Journal of Psychopharmacology*, 22 (2), 138 - 143.

[91] Hasegawa, M., Carpenter, P. A., & Just, M. A. (2002). An fMRI study of bilingual sentence comprehension and workload. *NeuroImage*, 15, 647 - 660.

[92] Hensch, T. K. (2004). Critical period regulation. *Annual Review of Neuroscience*, 27, 549 - 579.

[93] Hernandez, A. E., Kotz, S. A., Hoffman, J., Valentin,

V. V., Dapretto, M. & Bookheimer, S. Y. (2004). The neural correlates of grammatical gender decisions in Spanish. *NeuroReport*, 15, 863 –866.

[94] Hernandez, A., Li, P. & MacWhinney, B. (2005). The emergence of competing modules in bilingualism. *Trends in Cognitive Sciences*, 9, 220 –225.

[95] Hernandez, A. E., Hofmann, J. & Kotz, S. A. (2007). Age of acquisition modulates neural activity for both regular and irregular syntactic functions. *NeuroImage*, 36, 912 –923.

[96] Hernandez, A. E. (2009). Language switching in the bilingual brain: what's next? *Brain and Language*, 109, 133 –140.

[97] Hilchey, M. D., Klein, R. M. (2011). Are there bilingual advantages on nonlinguistic interference tasks? Implications for the plasticity of executive control processes. *Psychonomic Bulletin and Review*, 18, 625 –658.

[98] Holzel, B. K., Carmody, J., Vangel, M., Congleton, C., Yerramsetti, S. M., Gard, T., Lazar, S. W. (2011). Mindfulness practice leads to increases in regional brain gray matter density. *Psychiatry Research*, 191, 36 –43.

[99] Ilg, R., Wohlschlager, A. M., Gaser, C., Liebau, Y., Dauner, R., Woller, A., Zimmer, C., Zihl, J., Muhlau, M. (2008). Gray Matter Increase Induced by Practice Correlates with Task-Specific Activation: A Combined Functional and Morphometric Magnetic Resonance Imaging Study. *The Journal of Neuroscience*, 28 (16), 4210 –4215.

[100] Illes, J., Francis, W. S., Desmond, J. E., Gabrieli, J.

D., Glover, G. H., Poldrack, R., Lee, C. J. & Wagner, A. D. (1999). Convergent cortical representation of semantic processing in bilinguals. *Brain and Language*, 70 (3), 347 – 363.

[101] Isel, F., Baumgaertner, A., Thran, J., Meisel, J. M. & Buchel, C. (2010). Neural circuitry of the bilingual mental lexicon: Effect of age of second language acquistition. *Brain and Cognition*, 72, 169 – 180.

[102] Jeong, H., Sugiura, M., Sassa, Y., Haji, T., Usui, N., Taira, M., Horie, K., Sato, S., Kawashima, R. (2007). Effect of syntactic similarity on cortical activation during second language processing: A comparison of English and Japanese among native Korean trilinguals. *Human Brain Mapping*, 28, 194 – 204.

[103] Gilmore, J. H., Shi, F., Woolson, S. L., Knickmeyer, R. C., Short, S. J., Lin, W., Zhu, H., Hamer, R. M., Styner, M., Shen, D. (2012). Longitudinal Development of Cortical and Subcortical Gray Matter from Birth to 2 Years. *Cerebral Cortex*, 22 (11), 2478 – 2485.

[104] Johnson, J. S., Newport, E. L. (1989). Critical period effects in second language learning: The influence of maturational state on acquisition of English as a second language. *Cognitive Psychology*, 21 (1), 60 – 99.

[105] Jueptner, M. et al. (1997). Anatomy of motor learning: Frontal cortex and attention to action. *Journal of Neruophysicology*, 77, 1313 – 1324.

[106] Kaushanskaya, M., Marian, V. (2009). The bilingual advantage in novel word learning. *Psychonomic Bulletin and Review*, 16

(4), 705 –710.

[107] Keller, T. A., Just, M. A. (2009). Altering cortical connectivity: remediation-induced changes in the white matter of poor readers. *Neuron*, 64, 624 –631.

[108] Kehoe, E. G., Toomey, J. M., Balsters, J. H. & Bokde, A. L. (2013). Healthy aging is associated with increased neural processing of positive valence but attenuated processing of emotional arousal: an fMRI study. *Neurobiology of Aging*, 34 (3), 809 –821.

[109] Kim, K. H. S., Reklin, N. R., Lee, K. M. & Hirsch, J. (1997). Distinct cortical areas associated with native and second languages. *Nature*, 388, 171 –174.

[110] Kovelman, I., Baler, S. A. & Petitto, L. A. (2008). Bilingual and monolingual brains compared: A functional magnetic resonance imaging investigation of syntactic processing and a possible neural signature of bilingualism. *Journal of Cognitive Neuroscience*, 20, 153 –160.

[111] Kotz, S. A. (2009). A critical review of ERP and fMRI evidence on L2 syntactic processing. *Brain and Language*, 109, 68 –74.

[112] Kropotov, J. D., Etlinger, S. C. (1999). Selection of actions in the basal ganglia-thalamocortical circuits: review and model. *International Journal of Psychophysiology*, 31 (3), 197 –217.

[113] Kuhl, P. K. (2004). Early language acquisition: Cracking the speech code. *Nature Reviews Neuroscience*, 5, 831 –843.

[114] Lenneberg, E. H. (1967). *Biological foundations of language*. New York : John Wiley & Sons. Inc.

[115] Leshikar, E. D., Duarte, A., & Hertzog, C. (2012).

Task-Selective Memory Effects for Successfully Implemented Encoding Strategies. *Plos One*, 7 (5).

[116] Liu, H., Hu, Z., Guo, T. (2010) Speaking words in two languages with one brain: neural overlap and dissociation. *Brain Research*, 26 (1316): 75–82.

[117] Lou, H. C., Luber, B., Crupain, M., Keenan, J. P., Nowak, M., Kjaer, T. W., Sackeim, H. A., Lisanby, S. H. (2004). Parietal cortex and representation of the mental Self. *Proceedings of the National Academy of Sciences of the United States of America*, 101 (17), 6827–6832.

[118] Lövdén, M., Bodammer, N. C., Kühn, S., Kaufmann, J., Schütze, H., Tempelmann, C., et al. (2010). Experience-dependent plasticity of white-matter microstructure extends into old age. *Neuropsychologia*, 48, 3878–3883.

[119] Luke, K. K., Liu, H. L., Wai, Y. Y., Wan, Y. L. & Tan, L. H. (2002). Functional anatomy of syntactic and semantic processing in language comprehension. *Human Brain Mapping*, 16, 133–145.

[120] MacWhinney, B. (2004). A unified model of language acquisition. In J. K. A. D. Groot (Ed.), *Handbook of bilingualism: Psycholinguistic approaches*. New York: Oxford University Press.

[121] Maguire EA, Gadian DG, Johnsrude IS, Good CD, Ashburner J, Frackowiak RS, Frith CD. (2000). Navigation-related structural change in the hippocampi of taxi drivers. *Proceedings of the National Academy of Sciences of the United States of America*, 97: 4398–4403.

[122] Mahendra, N., Plante, E., Magloire, J., Milman, L., Trouard, T. P. (2003). fMRI variability and the localization of languages in the bilingual brain. *NeuroReport*, 14, 1225 – 1228.

[123] Marian, V., Shildkrot, Y., Blumenfeld, H. K., Kaushanskaya, M., Faroqi-Shah, Y. & Hirsch, J. (2007). Cortical activation during word processing in late bilinguals: similarities and differences as revealed by functional magnetic resonance imaging. *Journal of Clinical and Experimental Neuropsychology*, 29 (3), 247 – 265.

[124] Marien, P., Engelborghs, S., Fabbro, F., De Deyn, P. P. (2001). The lateralized linguistic cerebellum: A review and a new hypothesis. *Brain and language*, 79 (3), 580 – 600.

[125] Marzinzik, F., Wahl, M., Schneider, G. H., Kupsch, A., Curio, G., Klostermann, F. (2008). The human thalamus is crucially involved in executive control operations. *Journal of Cognitive Neuroscience*, 20 (10), 1903 – 1914.

[126] Mayberry, R. I., Chen, J. K., Witcher, P. & Klein, D. (2011). Age of acquisition effects on the functional organization of language in the adult brain. *Brain and Language*, 119, 16 – 29.

[127] Mechelli, A., Crinion, J. T., Noppeney, U., O'Doherty, J., Ashburner, J., Frackowiak, R. S., Price, C. J. (2004). Neurolinguistics: structural plasticity in the bilingual brain. *Nature*, 431, 757.

[128] Meisel, J. M. (2004). Chapter 3: The bilingual child. In T. K. Bhatia & W. C. Ritchie (Eds.), *The handbook of bilingualism. Blackwell handbooks in linguistics.* Malden, MA:

Blackwell Publishing Ltd. .

[129] Meschyan, G. & Hernandez, A. E. (2006). Impact of language proficiency and orthographic transparency on bilingual word reading: An fMRI investigation. *Neuroimage*, 29, 1135 - 1140.

[130] Mestres-Misse, A., Camara, E., Rodriguez-Fornells, A., Rotte, M., Munte, T. F. (2008). *Journal of Cognitive Neuroscience*.

[131] Middleton, F. A., Strick, P. L. (2000). Basal ganglia output and cognition: evidence from anatomical, behavioral, and clinical studies. *Brain and Cognition*, 42, 183 - 200.

[132] Minoshima, S. et al. (1997). Metabolic reduction in the posterior cingulate cortex in very early Alzheimer's disease. *Annals of Neurology*, 42, 85 - 94.

[133] Mori, E., Yamadori, A., Furumoto, M. (1989). Left precentral gyrus and Broca's aphasia. *Neurology*, 39 (1), 51 - 54.

[134] Musso, M., Moro, A., Glauche, V., Rijntjes, M., Reichenbach, J. (2003). Broca's area and the language instinct. *Nature*, 6 (7), 774 - 781.

[135] Ojemann, G. A, Fedio, P., Van Buren, J. M. (1968). Anomia from pulvinar and subcortical parietal stimulation. *Brain*, 91 (1), 99.

[136] Osterhout, L., Poliakov, A., Inoue, K., McLaughlin, J., Valentine, G., Pitkanen, I., Frenck-Mestre, C., Hirschensohn, J. (2008). Second-language learning and changes in the brain. *Neurolinguistics*, 21 (6), 509 - 521.

[137] Pallier, C., Dehaene, S., Poline, J. B., LeBihan, D., Argenti, A. M., Dupoux, E., Mehler. J., (2003). Brain imaging of

Lanuguage plasticity in adopted adults: can a second language replace the first? *Cerebral Cortex*, 13, 155 – 161.

[138] Paradis, M. (1994). Neurolinguistic aspects of implicit and explicit memory: Implications for bilingualism and SLA. In N. C. Ellis (ed.), *Implicit and explicit learning of languages* (pp. 393 – 419). London: Academic Press.

[139] Paradis, M. (1995). *Aspects of Bilingual Aphasia*. Oxford: Pergammon Press.

[140] Paradis, M. (1998). Language and communication in multilinguals. In B. Stemmer & H. Whitaker (Eds.), *Handbook of neruolinguistics* (pp. 417 – 430). San Diego, CA: Academic Press.

[141] Paradis, M. (2004). *A neurolinguistic theory of bilingualism*. Amsterdam, Philadelphia: John Benjamins Publishing Company.

[142] Passingham, R. E. (1996). Attention to action. *Philosophical Transactions of Royal Society B Biology and Science*, 351, 1473 – 1479.

[143] Pearson, J. M., Heilbronner, S. R., Barack, D. L., Hayden, B. Y., Platt, M. L. (2011). Posterior cingulate cortex: adapting behavior to a changing world. *Trends in Cognitive Science*, 15 (4), 143 – 151.

[144] Perani, D., Dehaene, S., Grassi, F., Cohen, L., Cappa, S. F., Dupoux, E., Fazio, F., Mehler, J. (1996). Brain processing of native and foreign languages. *Neuroreport*, 7 (15 – 17), 2439 – 2444.

[145] Perani, D., Paulesu, E., Galles, N. S., Dupoux, E., Dehaene, S., Bettinardi, V., et al. (1998). The bilingual brain.

Proficiency and age of acquisition of the second language. *Brain*, 121, 1841 – 1852.

[146] Perani, D., Abutalebi, J., Paulesu, E., Brambati, S., Scifo, P., Cappa, S. F., et al. (2003). The role of age of acquisition and language usage in early, high-proficient bilinguals: An fMRI study during verbal fluency. *Human Brain Mapping*, 19, 170 – 182.

[147] Perani, D., Abutalebi, J. (2005). The neural basis of first and second language processing. *Current Opinion in Neurobiology*, 15, 202 – 206.

[148] Petersen, S. E., van Mier, H., Fiez, J. A., Raichle, M. E. (1998). The effects of practice on the functional anatomy of task performance. *Proceedings of the National Academy of Sciences of the United States of America*, 95, 853 – 860.

[149] Peterson, B. S., Skudlarski, P., Gatenby, J. C., Zhang, H., Anderson, A. W., Gore, J. C. (1999). An fMRI study of Stroop word-color interference: evidence for cingulate subregions subserving multiple distributed attentional systems. Biol. *Psychiatry*, 45, 1237 – 1258.

[150] Petersson, K. M., Elfgren, C., Ingvar, M. (1999). Dynamic changes in the functional anatomy of the human brain during recall of abstract designs related to practice. *Neuropsychologia*, 37, 567 – 587.

[151] Petrides, M., Alivisatos, B., Meyer, E., Evans, A. C. (1993). Functional activation of the human frontal cortex during the performance of verbal working memory tasks. *Proceedings of the National Academy of Sciences of the United States of America*, 90, 878 – 882.

[152] Petrides, M., Pandya, D. N. (2002). Association pathways of the prefrontal cortex and functional observations. D. T. Stuss, R. T. Knight (Eds.), *Principles of Frontal Lobe Function*, New York: Oxford University Press. 31 – 50.

[153] Pickett, E. R., Kuniholm, E., Protopapas, A., Friedman, J., & Lieberman, P. (1998). Selective speech motor, syntax and cognitive deficits associated with bilateral damage to the putamen and the head of the caudate nucleus: A case study. *Neuropsychologia*, 36, 173 – 188.

[154] Price, C., Green, D. W., von Studnitz, R. (1999). A funcitonal imaging study of translation and language swithching. *Brain*, 122, 2221 – 2235.

[155] Pu, Y., Liu, H. L., Spinks, J. A. (2001). Cerebral hemodynamic response in Chinese (first) and English (second) language processing revealed by event-related functional MRI. *MagnReson Imaging*, 19 (5), 643 – 647.

[156] Qin, Y., Sohn, M-H., Anderson, J. R., Stenger, V. A., Fissell, K., Goode, A., Carter, C. S. (2003). *Proceedings of the National Academy of Sciences of the United States of America*, 100, 4951 – 4956.

[157] Radanovic, M., Azambuja, M., Mansur, L. L., Porto, C. S., Scaff, M. (2003). Thalamus and language. *Arq Neuropsiquiatr*, 61 (1): 34 – 42.

[158] Ramnani, N. & Passingham, R. E. (2001). Changes in the human brain during rhythm learning. *Journal of Cognitive Neuroscience*, 13, 952 – 966.

[159] Ramnani, N. (2006). The primate cortico-cerebellar system: anatomy and function. *Neuroscience*, 7, 511 – 522.

[160] Reiss, A. L., Abrams, M. T., Singer, H. S., Ross, J. L., Denckla, M. B. (1996). Brain development, gender and IQ in children. A volumetric imaging study. *Brain*, 119, 1763 – 1774.

[161] Riecker, A., Ackermann, H., Wildgruber, D., Meyer, J., Dogil, G., Haider, H., et al. (2000). Articulatory/phonetic sequencing at the level of the anterior perisylvian cortex: a functional magnetic resonance imaging (fMRI) study. *Brain Language*, 75: 259 – 276.

[162] Rodriguez-Fornells, A., Rotte, M., Heinze, H. J., Nosselt, T., Munte, T. F. (2002). Brain potential and functional MRI evidence for how to handle two languages with one brain. *Nature*, 415, 1026 – 1029.

[163] Rodriguez-Fornells, A., van der Lugt, A., Rotte, M., Britti, B., Heinze, H. J., Munte, T. F. (2005). Second language interferes with owrd production in fluent bilinguals: brain potential and funcitonal imaging evidence. *Journal of Cognitive Neuroscience*, 17, 422 – 433.

[164] Rüschemeyer, S-A., Fiebach, C. J., Kempe, V., Friederici, A. D. (2005). Processing lexical semantic and syntactic information in first and second language: fMRI evidence from German and Russian. *Human Brain Mapping*, 25, 266 – 286.

[165] Rüschemeyer, S. A, Zysset, S. & Friederici, A. D. (2006). Native and non-native reading of sentences: an fMRI experiment. *NeuroImage*, 31, 354 – 365.

[166] Sakai, K. L., Miura, K., Narafu, N., Muraishi, Y. (2004). Correlated functional changes of prefrontal cortex in twins induced by classroom education of second language. *Cerebral Cortex*, 14 (11), 1233 -1239.

[167] Salvatierra, J. L., Rosselli, M. (2010). The effect of bilingualism and age on inhibitory control. *International Journal of Bilingualism*, 15, 26 -37.

[168] Saur, D., Baumgaertner, A., Moehring, A., Buchel, C., Bonnesen, M., Rose, M., Musso, M. & Meisel, J. M. (2009). Word order processing in the bilingual brain, Neuropsychologia, 47 (1), 158 -168.

[169] Schmidt-Wilcke, T., Rosengarth, K., Luerding, R., Bogdahn, U., Greenlee, M. W. (2010). Distinct patterns of functional and structural neuroplasticity associated with learning Morse code. *Neuroimage*, 51, 1234 -1241.

[170] Scholz, J., Klein, M. C., Behrens, T. E. J., Johansen-Berg, H. (2009). Training induces changes in white-matter architecture. *Nature Neuroscience*, 12, 1370 -1371.

[171] Silveri, M. C., Leggio, M. G., Molinari, M. (1994). The cerebellum contributes to linguistic production: A case of agrammatic speech following a right cerebellar lesion. *Neurology*, 44 (11), 2047 -2050.

[172] Sohn M. H., Goode, A., Stenger, V. A., Carter, C. S., Anderson, J. R. (2003). *Proceedings of the National Academy of Sciences of the United States of America*, 100, 7412 -7417.

[173] Sohn M. H., Ablert M. V., Jung K., Carter C. S.,

Anderson J. R. (2007). Anticipation of conflict monitoring in the anterior cingulated cortex and the prefrontal cortex. *PNAS Proceeding of the National Academy of Sciences of the United States of America*, 104 (25), 10330 - 10334.

[174] Sowell, E. R., Thompson, P. M., Holmes, C. J., Jernigan, T. L., Toga, A. W. (1999a). In vivo evidence for post-adolescent brain maturation in frontal and striatal regions. *Nature Neuroscience*, 2 (10), 859 - 861.

[175] Sowell, E. R., Thompson, P. M., Holmes, C. J., Batth, R., Jernigan, T. L., Toga, A. W. (1999b). Localizing age-related changes in brain structure between childhood and adolescence using statistical parametric mapping. *NeuroImage*, 9, 587 - 597.

[176] Sowell, E. R., Delis, D., Stiles, J., Jernigan, T. L. (2001a). Improved memory functioning and frontal lobe maturation between childhood and adolescence: a structural MRI study. *Journal of International Neuropsychologia Society*, 7, 312 - 322.

[177] Sowell, E. R, Thompson, P. M., Tessner, K. D., Toga, A. W. (2001d) Mapping continued brain growth and gray matter density reduction in dorsal frontal cortex: inverse relationships during postadolescent brain maturation. *The journal of neuroscience*, 21 (22), 8819 - 8829.

[178] Sowell, E. R., Thompson, P. M., Leonard, C. M., Welcome, S. E., Kan, E., Toga, A. W. (2004). Longitudinal Mapping of Cortical Thickness and Brain Growth in Normal Children. *The Journal of Neuroscience*, 24 (38), 8223 - 8231.

[179] Stuss, D. T., Knight, R. T. (2002). Principles of

frontal lobe function. Oxford and New York, USA: Oxford University Press.

[180] Suh, S., Yoon, H. W., Lee, S., Chung, J. Y., Cho, Z. H., & Park, H. W. (2007). Effects of syntactic complexity in L1 and L2: fMRI study of Korean-English bilinguals. *Brain Research*, 1136, 178 - 189.

[181] Takeuchi, H., Sekiguchi, A., Taki, Y., Yokoyama, S., Yomogida, Y., Komuro, N., Yamanouchi, T., Suzuki, S., Kawashima, R. (2010). Training of working memory impacts structural connectivity. *The Journal of Neuroscience*, 30, 3297 - 3303.

[182] Tao, L., Marzecova, A., Taft, M., Asanowicz, D., Wodniecka, Z. (2011) The efficiency of attentional networks in early and late bilinguals: the role of age of acquisition. *Frontiers in Psychology*, 2, 1 - 19.

[183] Taubert, M., Draganski, B., Anwander, A., Muller, K., Horstmann, A., Villringer, A., Ragert, P., 2010. Dynamic properties of human brain structure: learning-related changes in cortical areas and associated fiber connections. *Journal of Neuroscience*, 30, 11670 - 11677.

[184] Thomas, A. G., Marrett, S., Saad, Z. S., Ruff, D. A., Martin, A., Bandettini, P. A., 2009. Functional but not structural changes associated with learning: an exploration of longitudinal voxel-based morphometry (VBM). *Neuroimage*, 48, 117 - 125.

[185] Thomas, C., Baker, C. I. (2012). Remodeling human cortex through training: comment on May. *Trends in Cognitive Science*, 16, 96 - 97.

[186] Thomas, C., Baker, C. I. (2013). Teaching an adult

brain new tricks : A critical review of evidence for training-dependent structural plasticity in humans. *NeuroImage*, 73, 225 –236.

[187] Tjandra, T., Brooks, J. C., Figueiredo, P., Wise, R., Matthews, P. M., Tracey, I., 2005. Quantitative assessment of the reproducibility of functional activation measured with BOLD and MR perfusion imaging: implications for clinical trial design. *Neuroimage*, 27, 393 –401.

[188] Tatsuno, Y., & Sakai, K. L. (2005). Language related activations in the left prefrontal regions are differentially modulated by age, proficiency and task demands. *Journal of Neuroscience*, 16, 1637 –1644.

[189] Taubert, M., Draganski, B., Anwander, A., Müller, K., Horstmann, A., Villringer, A., et al. (2010). Dynamic properties of human brain structure: Learning-related changes in cortical areas and associated fiber connections. The Journal of*Neuroscience*, 30, 11670 –11677.

[190] Ullman, M. (2001a). A neurocognitive perspective on language: The declarative/procedural model. *Nature Reviews Neuroscience*, 2, 717 –726.

[191] Ullman, M. T. (2001b). The neural basis of lexicon and grammar in first and second language: The declarative/procedural model. *Bilingualism: Language and Cognition*, 4, 105 –122.

[192] Ullman, M. (2004). Contributions of memory circuits to language : The declarative/procedural model. *Cognition*, 92, 231 –270.

[193] Ullman, M. T. (2005). A cognitive neuroscience

perspective on second language acquisition: The declarative/procedural model. In C. Sanz (Ed.), *Mind and context in adult second language acquisition: Methods, theory, and practice* (pp. 141 – 178). Washington, DC: Georgetown University Press.

[194] Ullman, M. T. (2006). Is Broca's area part of a basal ganglia thalamocortical circuit? *Cortex*, 42 (4): 480 – 485.

[195] Van Praag, H., Kempermann, G., Gage, F. H. (2000). Neural consequences of environmental enrichment. *Nature Reviews Neruoscience*, 1, 191 – 199.

[196] Vogt, B. A., Laureys, S. (2005). Posterior cingulate, precuneal and retrosplenial cortices: cytology and components of the neural network correlates of consciousness. *Progress in brain research*, 150, 205 – 217.

[197] Wahl, M., Marzinzik, F., Friederici, A. D., Hahne, A., Kupsch, A., Schneider, G. H., Saddy, D., Curio, G., Klostermann, F. (2008). The human thalamus processes syntactic and semantic language violations. *Neuron*, 59, 695 – 707.

[198] Waldie, K. E., Badzakova-Trajkov, G., Miliivojevic, B., Kirk, I. J. (2009). Neural activity during Stroop colour-word task performance in late proficient bilinguals: a functional magnetic resonance imaging study. *Psychology and Neuroscience*, 2 (2), 125 – 136.

[199] Waldron, E. J., Hernandez, A. E. (2013). The role of age of acquisition on past tense generation in Spanish-English bilinguals: An fMRI study. *Brain and Language*, 125, 28 – 37.

[200] Wallentin M, Roepstorff A, Glover R, Burgess N. (2006). Parallel memory systems for talking about location and age in

precuneus, caudate and Broca's region. *Neuroimage*, 32 (4), 1850 – 1864.

[201] Wang, Y., Xue, G., Chen, C. (2007) Neural bases of asymmetriclanguage switching in second-language learners: An ER-fMRI study. *Neuroimage*, 35 (2) : 862 – 870.

[202] Wang, Y., Kuhl, P. K., Chen, C. (2009) Sustained and transient language control in the bilingual brain. *NeuroImage*, 47 (1): 414 –422.

[203] Wang, Y., Xiang, J., Vannest, J., Holroyd, T., Narmoneva, D., Horn, P., Liu, Y., Rose, D., deGrauw, T. & Holland, S. (2011). Neuromagnetic measures of word processing n bilinguals and monolinguals. *Clinical Neurophysidogy*, 122, 1706 – 1717.

[204] Wartenburger, I., Heekeren, H. R., Abutalebi, J., Cappa, S. F., Villringer, A.. & Perani, P. (2003). Early setting of grammatical processing in the bilingual brain. *Neuron*, 37, 159 –170.

[205] Wattendorf, E., Westermann, B., Zappatore, D., Franceschini, R., Ludi, G., Radu, E-W., Nitsch, C. (2001). Different languages activate different subfields in Broca area. *NeuroImage*, 13 (6), S624.

[206] Wattendorf, E., Festman, J., Westermann, B., Keil, U., Zappatore, D., Franceschini, R., Luedi, G. etc. (2012). Early bilingualism influences early and subsequently later acquired languages in cortical regions representing control functions. *The International Journal of Bilingualism*, 28, 42 –67.

[207] Weber-Fox, C., & Neville, H. J. (1996). Maturational

constraints on functional specializations for language processing: ERP and behavioral evidence in bilingual speakers. *Journal of Cognitive Neuroscience*, 8, 231 – 256.

[208] Weekes, B. S., Chan, A., Kwok, J. S. W., Tan, L. H., Jin, Z. (2004). AoA effects on Chinese language processing: An fMRI study. *Brain and Language*, 91, 33 – 34.

[209] Wildgruber, D., Ackermann, H., Grodd, W. (2001). Differential contributions of motor cortex, basal ganglia and cerebellum to speech motor control: effects of syllable repetition rate evaluated by fMRI. *Neuroimage*, 13, 101 – 109.

[210] Wise, R. J. S., Greene, J., Buchel, C., Scott, S. K. (1999). Brain regions involved in articulation. *The Lancet*, 353: 1057 – 1061.

[211] Witte, L. D., Brouns, R., Kavadias, D. (2011). Cognitive, affective and behavioural disturbances following vascular thalamic lesions: A review. *Cortex*, 47, 273.

[212] Ye, Z., Zhou, X., 2009. Executive control in language processing. *Neuroscience and Biobehavioral Review*, 33 (8), 1168 – 1177.

[213] Yokoyama, S., Okamoto H., Miyamoto T., Yoshimoto K., Kim J., Iwata K., Jeong H., Uchida S., Ikuta N., Sassa Y., Nakamura W., Horie K., Sato S., & Kawashima R. (2006). Cortical activation in the processing of passive sentences in L1 and L2: An fMRI study. *Neuroimage*, 30, 570 – 579.

[214] Yoshiura, T. et al. (2002) Diffusion tensor in posterior cingulate gyrus: correlation with cognitive decline in Alzheimer's

disease. *Neuroreport*, 13, 2299－2302.

[215] Yu, T., Lang, S., Birbaumer, N., Kotchoubey, B. (2011). Listening to factually incorrect sentences activates classical language areas and thalamus. *Neuroreport*, 22 (17): 865－869.

[216] Zandbelt, B. B., Gladwin, T. E., Raemaekers, M., van Buuren, M., Neggers, S. F., Kahn, R. S., Ramsey, N. F., Vink, M., (2008). Within-subject variation in BOLD-fMRI signal changes across repeated measurements: quantification and implications for sample size. *Neuroimage*, 42, 196－206.

[217] Zettin, M., Cappa, S. F., D'Amico, A., Rago, R., Perino, C., Perani, D., et al. (1997) Agrammtic speech production after a right cerebellar haemorrhage. *Neurocase*, 3, 375－380.

[218] Zubicaray, G. I., Miozzo, M., Johnson, K., Schiller, N. O. & McMahon, K. I. (2011). Independent distractor frequency and age-of-acquisition effects in picture-word interference: fMRI evidence for post-lexical and lexical accounts according to distractor type. *Journal of Cognitive Neruoscience*, 24: 2, 482－495.

附　录

附录一

粤语和普通话习得情况调查问卷

亲爱的同学：

你好!我们正在进行一项教育部课题的研究，需要调查一些问题，恳请你抽出时间完成问卷。你的认真如实的回答将对我们的研究结果至关重要。我们将对你的个人信息保密，不会用于其他目的。占用你的宝贵时间，非常感谢!

如果你出生于粤语区并在粤语区长大，母语为粤语或者粤语/普通话（双语），请根据实际情况完成调查问卷；若你出生并成长于其他地区，请将空白问卷交回。

1. 基本信息

姓　　名：________　　年　　龄：________

性　　别：________　　学　　院：________

Q　　Q：________　　手机号码：________

2. 你的出生和成长地是________省________市（县）；若你的出生地和成长地不一样，请详细注明你几岁搬迁至哪里：____;

3. 你的现居地（家庭所在地）是________省________市（县）；

4. 从你出生至 3 岁你周围的人（包括家庭成员和你所接触到的其他人）使用的语言是______；

A. 全部人都使用粤语

B. 全部人都使用普通话

C. 部分人使用粤语，部分人使用普通话

D. 部分人使用粤语，部分人使用其他方言

E. 部分人使用粤语，部分人使用普通话，部分人使用方言

F. 其他情况

5. 从你 3 岁至 6 岁你周围的人（包括家庭成员和你所接触到的其他人）使用的语言是______；

A. 全部人都使用粤语

B. 全部人都使用普通话
C. 部分人使用粤语，部分人使用普通话
D. 部分人使用粤语，部分人使用其他方言
E. 部分人使用粤语，部分人使用普通话，部分人使用方言
F. 其他情况

6. 你开始学话时最先会说的是哪种语言？______
A. 粤语　B. 普通话
C. 粤语和普通话几乎同时会说　D. 其他方言

7. 你从什么时候开始学说普通话？______
A. 0—1 岁　B. 3—4 岁
C. 6—7 岁　D. 其他______

8. 你在几岁时基本习得普通话（能较流利地用普通话与人交流）？
______岁

9. 你现在的粤语水平如何？______
A. 能流利准确地使用
B. 能比较熟练使用但不是非常地道
C. 基本能交谈但是不太熟练
D. 能听懂但是不太会说
E. 听不懂也不会说

10. 你现在的普通话水平如何？______
A. 能流利准确地使用
B. 能比较熟练使用但不是非常地道
C. 基本能交谈但是不太熟练
D. 能听懂但是不太会说
E. 听不懂也不会说

11. 你的普通话水平测试成绩是？______
A. 一级甲等　B. 一级乙等　C. 二级甲等
D. 二级乙等　E. 三级甲等　F. 三级乙等
G. 未入级　H. 从未参加过普通话水平测试

12. 请仔细回想近一个月来，你的语言使用情况（包括听说读写的时间总和）是：______
A. 1/2 的时间使用普通话；1/2 的时间使用粤语
B. 2/3 的时间使用普通话；1/3 的时间使用粤语
C. 3/4 的时间使用普通话；1/4 的时间使用粤语
D. 其他：______的时间使用普通话；______的时间使用粤语

附录二

请完成以下爱丁堡利手量表。请你描述在以下行为中使用左右手的情况。如果你在某项行为中使用右（左）手较多，请在相应的右（左）栏内标上 +，如果你在某项行为中只使用其中一只手，请标上 + +。如果你觉得两只手使用频率差不多，请在左右栏同时标上 +。

		左	右
1	写字		
2	画画		
3	投掷		
4	用剪刀		
5	刷牙		
6	持刀		
7	汤匙		
8	扫地		
9	划火柴		
10	开盒子（盖子）		

你小时候是否有左利手被纠正为右利手的经历　　是　　　否

附录三

普通话听力理解水平自测表	
Part Ⅲ	C1 我可以理解母语为普通话的人之间流利的对话。( )
	C1 我可以理解本人专业领域之外的延伸话题，尽管这些话题很抽象、复杂，只是有时会确认一下细节，特别是听到不熟悉的口音的时候。( )
	C1 我可以理解各种不同的习语表达和方言用语，并能识别说话风格的变动。( )
	C1 在言语结构不够清晰，主题没有明确表达出来的情况下，我也可以理解其所表达的意思。( )
	C1 我可以轻松地理解大多数演讲，讨论和辩论的内容。( )
	C1 我可以从内容结构不够清晰的公告里提取出具体的信息。( )
	C1 我可以理解复杂的技术信息，例如熟悉产品的使用说明书以及服务细则。( )
	C1 即使在语言不标准的情况下，我也可以理解各种不同的音频材料；并能识别细节所传递的深层内容、作者未明确表达的立场以及说话者之间的关系。( )
	C1 我可以理解包含相当多俚语和习语表达的电影。( )
Part Ⅳ	C2 我可以理解某些专题讲座及演讲，即使里面包含很多口语表达、方言用语和生疏的术语。( )
粤语听力理解水平自测表	
Part Ⅲ	C1 我可以理解母语为粤语的人之间流利的对话。( )
	C1 我可以理解本人专业领域之外的延伸话题，尽管这些话题很抽象、复杂，只是有时会确认一下细节，特别是听到不熟悉的口音的时候。( )

（续表）

Part Ⅲ	C1 我可以理解各种不同的习语表达和方言用语，并能识别说话风格的变动。（ ）
	C1 在言语结构不够清晰，主题没有明确表达出来的情况下，我也可以理解其所表达的意思。（ ）
	C1 我可以轻松地理解大多数演讲，讨论和辩论的内容。（ ）
	C1 我可以从内容结构不够清晰的公告里提取出具体的信息。（ ）
	C1 我可以理解复杂的技术信息，例如熟悉产品的使用说明书以及服务细则。（ ）
	C1 即使在语言不标准的情况下，我也可以理解各种不同的音频材料；并能识别细节所传递的深层内容、作者未明确表达的立场以及说话者之间的关系。（ ）
	C1 我可以理解包含相当多俚语和习语表达的电影。（ ）
Part Ⅳ	C2 我可以理解某些专题讲座及演讲，即使里面包含很多口语表达、方言用语和生疏的术语。（ ）

备注：请在符合自己情况的项目后打“√”

附录四

我们正在进行一项语言习得的教育部科研项目，恳请你认真地配合我们的语言使用情况调查，谢谢！

填写注意事项：

1. 请你记忆一天中各个时段粤语和普通话在听、说、读、写、想的过程中分别使用的时间，然后尽可能真实地填写。

2. 每个空格只需填写数字，以分钟为单位，如 20 分钟，即写“20”。

3. 上课的时候，语言所使用的时间包括听老师讲、回答问题、与同学讨论、向老师提问题等，请分别记录使用两种语言的时间。如外语课有用到粤语或普通话，也计算在内。

4. 如果粤语和普通话同时进行，无法区分，可将这段时间除以二，各占一半。

5. 写作业、写日记的时间包括思考与写作两部分时间，英文以及其他外文作业除外。

活动明细（如未列表，请在其他项填写）	课堂以外与同学的交流		上课		课间十分钟（与老师、同学交流）		课堂以外与老师的交流（包括打电话）		写作业时间（思考、书写时使用语言的时间）		与家人见面、打电话、通信等的交流		与男/女朋友交谈、打电话、发短信		与校外朋友/客人的交流（包括聚会、电话、通信、短信）		参加校内外活动		购物		阅读报纸、书籍、网页等		看电影		网络视频聊天、QQ聊天		看电视，听收音		写日记或其他材料（报告、论文）		内部语言（自言自语或不出声的思考）		去银行、政府机关办事		其他	
	粤语	普通话	粤语	普通话	粤语	普通话	粤语	普通话	粤语	普通话	粤语	普通话	粤语	普通话	粤语	普通话	粤语	普通话	粤语	普通话	粤语	普通话	粤语	普通话	粤语	普通话	粤语	普通话	粤语	普通话	粤语	普通话	粤语	普通话	粤语	普通话
早上 起床后至8点																																				

（续表）

上午	8点至10点																																				
	10点至12点																																				
中午	12点至2点																																				
下午	2点至3点																																				
	3点至5点																																				

（续表）

晚上	6点至7点																																				
	7点至9点																																				
	9点至睡觉前																																				

附录五

语言使用情况回顾量表

姓名：　　　　　　　　　　　　　　　　　　______岁组

请描述你相应的年龄段的语言使用情况：1 表示只使用粤语；7 表示只使用普通话；4 表示两种语言各使用 50%。数字越小，表示使用粤语越多；数字越大，表示使用普通话越多。请在符合你的实际情况的数字上划“√”。

年龄段	语言使用情况（听、说、读、写的总和）						
	只有粤语			粤、普各 50%			只有普通话
0—1 岁	1	2	3	4	5	6	7
2—3 岁	1	2	3	4	5	6	7
4—6 岁	1	2	3	4	5	6	7
7—12 岁（小学）	1	2	3	4	5	6	7
13—15 岁（初中）	1	2	3	4	5	6	7
16—18 岁（高中）	1	2	3	4	5	6	7
19—　岁（大学）	1	2	3	4	5	6	7
—　岁	1	2	3	4	5	6	7
—　岁	1	2	3	4	5	6	7

附录六

被试检查单

姓名（Name）：________ 日期（Date）：________ 性别（Gender）：________出生日期（DOB）：________ 体重（Weight）：________ 种族（Ethnicity）________

你是否（Have/Had you）
是否 如果是，请解释
（Yes）（No）（If Yes，please explain）
□□在金属环境工作过？Work in Metal Environment
□□有幽闭恐惧症？Claustrophobia
□□患过肾炎或其他肾病？Nephritis or Nephropathy
□□曾经动过手术？Surgery
□□有头部创伤？History of Head Trauma
□□患有美尼尔氏综合症？Meniere's Disease
□□曾经眼睛受伤（涉及金属）？Injury to eyes（Involving Metal）
□□处于怀孕或哺乳期？Being Pregnancy or Breast Feeding
□□曾中风/昏厥过？Stroke/Seizure

下列物品对磁共振图像有影响并对你的安全不利，请检查你是否有下列物品中的任何一种：（Following items would affect image quality and endanger your safety. Please check carefully if you have any one with you.）

□ 心脏起博器（Cardiac Pacemaker）	□ 动脉瘤血管夹（Surgical Aneurysm Clips）
□ 神经刺激器（Neurostimulator）	□ 心脏瓣膜修复（Prosthetic Heart Valve）
□ 植入泵（Implanted Pumps）	□ 永久眼衬（Permanent Eyeliner）
□ 电子耳蜗（Cochlear Implants）	□ 助听器（Hearing Aid）
□ 阴茎假体（Penile Implant）	□ 宫内节育器（IUD）
□ 纹身（Tattoos）	□ 脑夹（Brain Clips）
□ 主动脉夹（Aortic Clips）	□ 颈动脉夹（Carotid Clips）
□ 分流装置（Shunts）	□ 胰岛素泵（Insulin Pump）
□ 电极（Electrodes）	□ 人工关节（Joint Replacements）

<table>
<tr><td>☐ 骨或关节针（Bone or Joint Pins）</td><td>☐ 金属网眼（Metal Mesh）</td></tr>
<tr><td>☐ 施接普内耳膜（Shrapnel）</td><td>☐ 金属杆、盘、螺丝等（Metal Rods, Plates, Screws）</td></tr>
<tr><td colspan="2">☐ 假体（如假牙、假眼、假肢等）（Prostheses include dentures, artificial eyeballs, artificial limbs, etc. ）</td></tr>
</table>

签名（Signiture）日期 Date

以下由研究者填写

病人（Patient）/正常志愿者（Volunteer）

检查类型（Type of Exam）

主要研究者签名（Principal Investigator）

附录七

受试者知情同意书

亲爱的志愿者：

我们将邀请您参加一项“基于fMRI技术的二语神经机制研究”（项目批准号：wym11081），以观察您使用语言时大脑的活动变化。在您决定是否参加这项研究之前，请尽可能仔细阅读以下内容，它可以帮助您了解该项研究以及为何要进行这项研究，研究的程序和期限，参加研究后可能给您带来的益处、风险和不适。如果您愿意，您也可以和您的亲属、朋友一起讨论，以帮助您做出决定。

1. 研究名称：基于fMRI技术的二语神经机制研究

项目负责人：涂柳　　　　　　　　　　　　电话：

研究目的：利用fMRI技术，通过实验分别研究二语熟练度、二语学习起始年龄、二语日常使用情况这些因素中对大脑的二语神经机制起主导作用的因素，进一步分析和探讨上述三个因素对研究对象的二语神经机制起作用的方式。

2. 研究过程

项目设计：对不同二语学习起始年龄和不同二语暴露程度的受试者的脑结构进行扫描，及他们完成听说任务时进行扫描

步骤：一、静息态扫描（8分钟）

二、受试者完成听力任务时扫描（16分钟）

三、受试者完成口语任务时扫描（18分钟）

四、大脑结构部分和DTI扫描（15分钟）

3. 可能的风险

（1）发热：MR检查过程中患者可能出现发热，通过减少SAR值可以减少或避免发热；

（2）体内异物发热或移位：立即停止检查，观察患者体征，及时请有关临床科室进行处理。

4. 受试者收益

MRI检查为一种无创检查或微创检查（静脉注射造影剂），没有辐射。对于为该项研究提供帮助及无私奉献的志愿者，我们表示衷心的感谢。

5. 研究记录的保密

对于你们在实验过程中向我们提供的资料，诸如身体及精神健康状况、

年龄、性别、姓名等基本信息，我们将严格保密。

6. 受试者的权利

是否参加研究完全取决于您的意愿。您可以拒绝参加该项研究，或在研究过程中的任何时间退出本研究；如果您选择参加该项研究，我们希望您能够坚持完成全部研究过程。

7. 受试者声明

我已经阅读了上述有关该项研究的介绍，我知道参加该项研究可能产生的风险和收益。我知晓参加研究是自愿的，我确认已有充足时间对此进行考虑，而且明白：我可以随时向医生咨询更多的信息；我可以随时退出该项研究，而不会受到歧视或报复，我同意伦理委员会或申办者代表查阅我的研究资料。我将获得一份经过签名并注明日期的知情同意书副本。最后，我决定同意参加该项研究，并尽量遵从医嘱。

受试者签名　　　　　　，日期：　　年　　月　　日
联系电话：
医生姓名（全名）：
联系电话：
医生签名：　　　　　　，日期：　　年　　月　　日

（同意书一式签署两份，医生和受试者各保存一份）

附录八　实验一与实验二相关统计分析

实验一前和实验二前听粤语故事成绩比较的 t 检验结果

	方差方程的 Levene 检验		均值方程的 t 检验						
								差分的 95% 置信区间	
	F	Sig.	t	df	Sig.（双侧）	均值差值	标准误差值	下限	上限
假设方差相等	0.000	1.000	0.000	18.000	1.000	0.000	0.141	-0.297	0.297
假设方差不相等			0.000	18.000	1.000	0.000	0.141	-0.297	0.297

P 值为 1.0，说明实验一前和实验二前被试的粤语听力水平没有显著性差异。

实验一前和实验二前听普通话故事成绩比较的 t 检验结果

	方差方程的 Levene 检验		均值方程的 t 检验						
								差分的 95% 置信区间	
	F	Sig.	t	df	Sig.（双侧）	均值差值	标准误差值	下限	上限
假设方差相等	0.000	1.000	0.000	18.000	1.000	0.000	0.189	-0.396	0.396
假设方差不相等			0.000	18.000	1.000	0.000	0.189	-0.369	0.369

P 值为 1.0，说明实验一前和实验二前被试的普通话听力水平没有显著性差异。

被试的粤语和普通话水平 t 检验结果

	方差方程的 Levene 检验		均值方程的 t 检验						
								差分的 95% 置信区间	
	F	Sig.	t	df	Sig.（双侧）	均值差值	标准误差值	下限	上限
假设方差相等	0.498	0.490	0.402	18.000	0.692	0.05000000	0.12435016	-0.21125000	0.31125000
假设方差不相等			0.402	17.186	0.693	0.05000000	0.12435016	-0.21213922	0.31213922

P 值为 0.692，说明被试的粤语和普通话水平没有显著性差异。

被试粤语和普通话的使用情况在环境改变前的 t 检验结果

	方差方程的 Levene 检验		均值方程的 t 检验						
								差分的 95% 置信区间	
	F	Sig.	t	df	Sig.（双侧）	均值差值	标准误差值	下限	上限
假设方差相等	0. 000	1.000	-0.210	18.000	0.836	-1.26000	5.98814	-13.84061	11.32061
假设方差不相等			-0.210	18.000	0.836	-1.26000	5.98814	-13.84061	11.32061

P 值为 0.836，被试的粤语和普通话使用情况在环境改变前没有显著性差异。

（注：F：F 值，检验的统计量值；t：t 值，t 检验的统计量值；Sig.：显著性水平；df：自由度。）

被试粤语和普通话的使用情况在环境改变后的 t 检验结果

	方差方程的 Levene 检验		均值方程的 t 检验						
								差分的 95% 置信区间	
	F	Sig.	t	df	Sig.（双侧）	均值差值	标准误差值	下限	上限
假设方差相等	0.001	0.977	48.377	18.000	0.000	80.71000	1.66835	77.20493	84.21507
假设方差不相等			48.377	17.998	0.000	80.71000	1.66835	77.20489	84.21511

P 值为 0.000，说明被试的粤语和普通话的使用情况在环境改变后有显著性差异。

从 0 岁至实验前被试的语言使用情况 t 检验结果

	方差方程的 Levene 检验		均值方程的 t 检验						
								差分的 95% 置信区间	
	F	Sig.	t	df	Sig.（双侧）	均值差值	标准误差值	下限	上限
假设方差相等	0.255	0.620	-1.709	18.000	0.105	0.500	0.292	-1.115	0.115
假设方差不相等			-1.709	17.924	0.105	0.500	0.292	-1.115	0.115

P 值为 0.105，说明从 0 岁至实验前被试的语言使用情况没有显著性差异

（注：F：F 值，检验的统计量值；t：t 值，t 检验的统计量值；Sig.：显著性水平；df：自由度。）

附录九　实验三与实验四相关统计分析

从听力自测水平比较三个组的粤语水平

	平方和	df	均方	F	显著性
组间	4.796	2	2.398	1.692	0.201
组内	43.939	31	1.417		
总数	48.735	33			

F 值为 1.692，P 值 0.201 >0.05，所以说从听力成绩角度，三个组之间粤语水平没有显著性差异。

从听力自测水平比较三个组的普通话水平

	平方和	df	均方	F	显著性
组间	4.418	2	2.209	0.918	0.410
组内	74.553	31	2.405		
总数	78.971	33			

F 值为 0.918，P 值 0.410 >0.05，所以说从听力自测角度，三个组之间的普通话水平没有显著性差异。

从听故事回答问题正确个数比较三个组的普通话水平

	平方和	df	均方	F	显著性
组间	1.077	2	0.538	2.257	0.122
组内	7.394	31	0.239		
总数	8.471	33			

F 值为 2.257，P 值 0.122 >0.05，所以说从听故事回答问题正确个数角度，三个组之间的普通话水平没有显著性差异。

从听故事回答问题正确个数比较三个组粤语水平

	平方和	df	均方	F	显著性
组间	1.052	2	0.526	1.089	0.349
组内	14.977	31	0.483		
总数	16.029	33			

F 值为 1.809，*P* 值 0.349 >0.05，所以说从听故事回答问题正确个数角度，三个组之间的粤语水平没有显著性差异。

从口语成绩比较三个组粤语水平

	平方和	df	均方	F	显著性
组间	9.122	2	4.561	2.665	0.085
组内	53.051	31	1.711		
总数	62.173	33			

F 值为 2.665，*P* 值 0.085 >0.05，所以说从口语成绩角度，三个组之间粤语水平没有显著性差异。

从口语成绩比较三个组普通话水平

	平方和	df	均方	F	显著性
组间	2.600	2	1.300	0.525	0.597
组内	76.790	31	2.477		
总数	79.390	33			

F 值为 0.525，*P* 值 0.597 >0.05，所以说从听力成绩角度，三个组之间普通话水平没有显著性差异。

三个组的粤语总体水平比较

	平方和	df	均方	F	显著性
组间	0. 383	2	0. 191	0. 442	0. 647
组内	13. 415	31	0. 433		
总数	13. 797	33			

F 值为 0. 442，*P* 值 0. 647 >0. 05，所以说三个组之间的粤语总体水平没有显著性差异。

三个组的普通话总体水平比较

	平方和	df	均方	F	显著性
组间	0. 776	2	0. 388	0. 619	0. 545
组内	19. 431	31	0. 627		
总数	20. 207	33			

F 值为 0. 619，*P* 值 0. 545 >0. 05，所以说三个组之间的普通话总体水平没有显著性差异。

0 岁组粤语和普通话水平比较

	方差方程的 Levene 检验		均值方程的 t 检验						
								差分的 95% 置信区间	
	F	Sig.	t	df	Sig.（双侧）	均值差值	标准误差值	下限	上限
假设方差相等	1.760	0.200	-0.281	20	0.782	-0.070707071	0.251624656	-0.595586907	0.454172765
假设方差不相等			-0.281	18.860	0.782	-0.070707071	0.251624656	-0.597627821	0.456213679

t 检验结果 P 值为 $0.782 > 0.05$，所以说 0 岁组被试，粤语和普通话综合横向比较，二者没有显著性差异。

3 岁组粤语和普通话水平比较

	方差方程的 Levene 检验		均值方程的 t 检验						
								差分的 95% 置信区间	
	F	Sig.	t	df	Sig.（双侧）	均值差值	标准误差值	下限	上限
假设方差相等	0.132	0.720	0.731	20	0.473	0.272727273	0.373184139	-0.505721200	1.051175745
假设方差不相等			0.731	19.825	0.473	0.272727273	0.373184139	-0.506161321	1.051615866

t 检验结果 P 值为 $0.473 > 0.05$，所以说 3 岁组被试，粤语和普通话综合横向比较，二者没有显著性差异。

7 岁组粤语和普通话水平比较

	方差方程的 Levene 检验		均值方程的 t 检验						
								差分的 95% 置信区间	
	F	Sig.	t	df	Sig.（双侧）	均值差值	标准误差值	下限	上限
假设方差相等	2.173	0.155	0.998	22	0.329	0.337962963	0.338792166	-0.364648985	1.0405749115
假设方差不相等			0.998	17.711	0.332	0.337962963	0.338792166	-0.374645457	1.050571383

t 检验结果 P 值为 0.293 > 0.05，所以说 7 岁组被试，粤语和普通话综合横向比较，二者没有显著性差异。

0—1 岁年龄段，三个组粤语和普通话使用情况比较

	平方和	df	均方	F	显著性
组间	44. 832	2	22. 416	64. 778	0. 000
组内	10. 727	31	0. 346		
总数	55. 559	33			

F 值为 64. 778，*P* 值 0. 000 <0. 05，所以说 0—1 岁年龄段，对语言的总体使用情况，三个组之间有显著性差异。

2—3 岁年龄段，三个组粤语和普通话使用情况比较

	平方和	df	均方	F	显著性
组间	54. 481	2	27. 241	87. 633	0. 000
组内	9. 636	31	0. 311		
总数	64. 118	33			

F 值为 87. 633，*P* 值 0. 000 <0. 05，所以说 2—3 岁年龄段，对语言的总体使用情况，三个组之间有显著性差异。

4—6 岁年龄段，三个组粤语和普通话使用情况比较

	平方和	df	均方	F	显著性
组间	38. 272	2	19. 136	24. 969	0. 000
组内	23. 758	31	0. 766		
总数	62. 029	33			

F 值为 24. 969，*P* 值 0. 000 <0. 05，所以说 3—6 岁年龄段，对语言的总体使用情况，三个组之间有显著性差异。

7—12 岁年龄段，三个组粤语和普通话使用情况比较

	平方和	df	均方	F	显著性
组间	3. 462	2	1. 731	1. 478	0. 244
组内	36. 303	31	1. 171		
总数	39. 765	33			

F 值为 1. 478，*P* 值 0. 244 > 0. 05，所以说 7—12 岁年龄段，对语言的总体使用情况，三个组之间没有显著性差异。

13—15 岁年龄段，三个组粤语和普通话使用情况比较

	平方和	df	均方	F	显著性
组间	0. 411	2	0. 205	0. 254	0. 777
组内	25. 030	31	0. 807		
总数	25. 441	33			

F 值为 0. 254，*P* 值 0. 777 > 0. 05，所以说 13—15 岁年龄段，对语言的总体使用情况，三个组之间没有显著性差异。

16—18 岁年龄段，三个组粤语和普通话使用情况比较

	平方和	df	均方	F	显著性
组间	0. 689	2	0. 344	0. 257	0. 775
组内	41. 576	31	1. 341		
总数	42. 265	33			

F 值为 0. 257，*P* 值 0. 775 > 0. 05，所以说 16—18 岁年龄段，对语言的总体使用情况，三个组之间没有显著性差异。

19 岁以后，三个组粤语和普通话使用情况比较

	平方和	df	均方	F	显著性
组间	0.022	2	0.011	0.011	0.989
组内	30.008	31	0.968		
总数	30.029	33			

F 值为 0.011，P 值 0.989 >0.05，所以说 19 岁以后，对语言的总体使用情况，三个组之间没有显著性差异。

三个组近 30 天粤语使用情况比较

	平方和	df	均方	F	显著性
组间	0.001	2	0.001	0.052	0.949
组内	0.396	31	0.013		
总数	0.397	33			

F 值为 0.052，P 值 0.949 >0.05，所以说对粤语近期总体使用情况，三个组之间没有显著性差异。

三个组近 30 天普通话使用情况比较

	平方和	df	均方	F	显著性
组间	0.001	2	0.001	0.052	0.949
组内	0.396	31	0.013		
总数	0.397	33			

F 值为 0.052，P 值 0.949 >0.05，所以说对粤语近期总体使用情况，三个组之间没有显著性差异。

0 岁组粤语和普通话的使用情况比较

	方差方程的 Levene 检验		均值方程的 t 检验						
								差分的 95% 置信区间	
	F	Sig.	t	df	Sig.（双侧）	均值差值	标准误差值	下限	上限
假设方差相等	0.000	1.000	−0.129	20	0.899	−0.00704	0.05479	−0.12133	0.10724
假设方差不相等			−0.129	20.000	0.899	−0.00704	0.05479	−0.12133	0.10724

t 检验结果 *P* 值为 0.899 >0.05，所以说，对 0 岁组被试，粤语和普通话的使用情况横向比较，二者没有显著性差异。

3 岁组粤语和普通话的使用情况比较

	方差方程的 Levene 检验		均值方程的 t 检验						
								差分的 95% 置信区间	
	F	Sig.	t	df	Sig.（双侧）	均值差值	标准误差值	下限	上限
假设方差相等	0.000	1.000	−0.468	20	0.645	−0.025132799	0.053735460	−0.137223004	0.086957406
假设方差不相等			−0.468	20.000	0.645	−0.025132799	0.053735460	−0.137223004	0.086957406

t 检验结果 *P* 值为 0.645 >0.05，所以说，对 3 岁组被试，粤语和普通话的使用情况横向比较二者没有显著性差异。

7 岁组粤语和普通话的使用情况比较

	方差方程的 Levene 检验		均值方程的 t 检验						
					差分的 95% 置信区间				
	F	Sig.	t	df	Sig.（双侧）	均值差值	标准误差值	下限	上限
假设方差相等	0.000	1.000	−1.135	22	0.269	−0.037387870	0.032954438	−0.105731192	0.030955452
假设方差不相等			−1.135	22.000	0.269	−0.037387870	0.032954438	−0.105731192	0.030955452

t 检验结果 P 值为 0.269 >0.05，所以说，对 7 岁组被试，粤语和普通话的使用情况横向比较，二者没有显著性差异。
（注：F：F 值，检验的统计量值；t：t 值，t 检验的统计量值；Sig.：显著性水平；df：自由度。）

后　记

暑去寒来，匆匆三载，蓦然回首，感慨万千。三年来，许许多多我身边的人给了我最无私的帮助，没有他们，这篇论文不可能完成。首先要感谢我的导师卢植教授，他不仅对本研究提出了许多关键性的指导意见，而且对论文进行了逐字逐句的修改。感谢伍巍教授、邵敬敏教授、王彦坤教授、彭小川教授、甘于恩教授、宫齐教授、陈晓锦教授、郭熙教授、邵宜教授、曾毅平教授，他们渊博的知识、严谨的治学态度对我影响至深，他们是我一生学习的榜样。感谢中山大学附属第一医院黄埔院区江波教授和潘希敏大夫，他们为实验提供了优质的设备及技术保障。感谢华南师范大学心理学院/广东省脑科学重点实验室黄瑞旺教授以及王俊静、李盟两位同学，他们协助完成了数据的后期处理工作，并对本研究提出了许多中肯的意见。感谢本研究课题组成员：高伟、黄燕红、张洁、魏澜、杨雨晨、马晓园、狄晓丽、郭云香、舒欣、赵炎炎，在长达一年的实验过程中，不管是联系上千名被试还是凌晨才协助完成实验回校，他们都毫无怨言，他们的投入令我钦佩。感谢所有自愿接受问卷调查和参加层层筛选以及最终参加实验的志愿者，他们是来自暨南大学、华南师范大学、华南理工大学、广州大学、广东技术师范学院、广东培正学院的大学生，他们极其认真的配合是实验成功的有力保证。感谢文学院郑少青老师、李培培老师以及研究生院相关老师，他们高效、专业的工作是我们顺利完成学业的保障。感谢我的父母亲们，你们的无私奉献，给了我充足的时间完成学业。感谢我的丈夫任志龙和儿子任一宁，你们的笑容，是我前进的最大动力。

涂　柳

2013年5月6日于暨南园